박상미의 고민사전

박상미의 고민사전

나를
믿어야
꿈을
이룬다

청소년
학부모편

박상미 지음

특별한서재

잘 지내?

요즘 마음은 어때? 괜찮아?

많이 지친 건 아닌지, 말 못할 고민이 있는 건 아닌지…… 스트레스 때문에 만사 무기력해진 건 아닌지…… 걱정이 돼. 힘들 때 실컷 얘기할 수 있고 잘 들어주는 사람이 한 명만 있어도 마음이 좀 시원해지지. 가벼워지고 말이야.

그런데 정말 내 마음이 힘들 땐 그런 사람이 네 옆에 없을 때가 많아. 너만 그런 게 아니야.

누군가에게 의지하고 싶고, 위로받고 싶고, 기대고 싶을 때가 있지? 그럴 때 내가 이 책을 통해서 너와 대화할 수 있으면 좋겠어.

답답할 때, 궁금할 때, 화날 때, 막막할 때, 속상할 때, 외로울 때, 불안할 때, 걱정될 때, 두려울 때…… 언제라도 펼쳐보고 지혜를 얻을 수 있는 고민사전을 너에게 주고 싶었어.

마음 근육이 튼튼한 사람은 어떤 힘든 일을 당해도 잘 이겨내. 의지하고 도움 받을 사람을 찾기 전에 내가 나의 마음을 지키고 보살필 줄 알아야 해. 내 마음을 보호하려면 마음 근육을 길러야 한단다. 나의 마음 근육이 튼튼하면 기댈 사람을 찾아서 헤매지 않아도 된단다. 외로움, 소외감, 열등감같이 우리를 힘들게 만드는 감정에서도 자유로워진단다. 내 감정의 주인이 되어서 내 감정과 대화를 나눌 수 있을 때, 타인의 감정에도 공감할 수 있고 내 마음을 보호할 수 있어.

남 눈치 보면서 내 감정을 무조건 억누르지 않아도 돼. 나의 욕구를 표현해도 되고, 화를 내도 돼. 다만 무례하지 않게 나의 진심을 표현하는 방법을 배우면 돼. 내 감정의 주인이 되는 연습을 해야 해. 지혜롭게 감정을 사용하는 방법을 알아야 나를 지킬 수 있단다. 내가 나의 감정을 존중하고 잘 사용할 때 타인도 나를 존중해준다는 걸 기억해!

그동안 힘든 일이 많았지?

이제 너 자신한테 귀를 기울여.

나를 알아야 나를 키울 수 있어.

나에게 집중하면 길이 열려.

나를 믿어야 꿈을 이룬다는 것, 꼭 기억해!

네가 어느 곳에 있든지,

무엇을 하든지,

너를 믿고 응원한다.

2019년 5월에

상미 샘이

이 책을 통해서 청소년은 삶의 위로와 용기와 지혜를 얻기를 바랍니다.

이 책을 통해서 어른들은 내 아이의 마음을 읽고, 대화하는 방법을 알게 되기를 바랍니다.

이 책을 읽은 청소년과 어른들이 마음 열린 대화를 하고, 조금 더 가까워지길 간절히 소망합니다.

차례

박
상
미
의
고
민
사
전

3장_ 비밀의 방 : 마음 상담실

"내 마음 근육은 내가 키운다"

◇ 청소년들의 고민에 답하는 부분에는 『마음아, 넌 누구니』에 언급된 내용이 청소년에 맞게 수정, 보완되어 실렸습니다.

1

상미 샘
이야기

"나를 믿어야 꿈을 이룬다"

● 특강 1 　　　고통도　언젠가　스펙이　돼요

　　　　　　　여러분, 정말 고통스러울 때 내게 위로가 되었
던 사람 얼굴을 한 번 떠올려 보실래요?

　나와 비슷한 고통을 잘 이겨낸 사람의 이야기가 가장 위로가
되지 않던가요? 저는 '역경을 이기고 마침내 꿈을 이룬 사람들'을
만나서 인터뷰를 하고, 신문에 50회 넘게 연재한 다음 책을 냈어
요. 매주 A4 용지 4장 분량을 썼으니 심층 인터뷰였죠. 영상으로
말하는 게 효과적일 땐 다큐멘터리를 찍었죠. '어떻게 하면 역경을
이기고 꿈을 이룰 수 있는지' 답을 찾고 싶은 마음이 간절했거든
요. 저는 마침내 그분들의 공통점을 찾았습니다.

　'나를 믿어주는 한 사람'이 곁에서 응원해주면 자신이 가진 능
력의 최대한을 발휘하고 마침내 꿈을 이룬다는 것이었어요. 더 훌

룡한 사람은 그런 '한 사람'이 없는데도 불구하고 스스로 인생을 개척해 나가며, 힘든 사람들에게 든든한 '한 사람'이 되어주기 위해서 노력하는 분들이었습니다. 이분들의 공통점은 또 있습니다. '지난 시절의 고통이 현재의 스펙'이 되었다는 겁니다. **고통의 터널을 잘 통과한 사람일수록 세상에 선한 영향력을 끼치며 살고 있더라고요.**

제가 강의하면서 이분들의 이야기를 전하다 보면 가장 많이 받는 질문이 "당신이 건너온 고통은 무엇이냐"는 거였어요. 그때마다 제 마음속에 아직도 울고 있는 열여섯 살 박상미가 입을 막더라고요.

'말하지 마! 사람들이 널 무시할 거야! 원래 똑똑했던 척해!'

저는 고등학교를 재수했어요. 고입 재수. 너무나 귀한 경험이라 아무에게나 허락되지 않죠. 인터뷰를 하거나 책을 쓸 때도 '몸이 아파서 1년 늦게 고등학교에 입학해야 했으며 스스로 정규 교육 과정을 거부하고, 1년의 자발적 휴식기를 가지며 많은 책을 읽고 영화를 보며 작가가 되기 위한 습작기를 가진 멋진 청소년'이었던 것처럼 미화했죠. 열등감이 마흔이 넘은 제게 여전히 남아 있었더라고요.

중1 때는 반에서 3등 이내에 들었어요. 중2 때, 아버지 사업이 급속히 기울면서 부모님이 돈 때문에 밤마다 싸우셨어요. 그런 날은 울면서 밤을 지새웠죠. 삶은 고통이구나……. 인생이 이런 거라면 살고 싶지 않다는 생각에 빠져 있었죠. 마음의 병은 몸의 병이 되더라고요. 과도한 불안 증세, 호흡 곤란, 근육량이 줄고 관절이 약해지면서 자주 넘어졌어요. 큰 병원에 갔을 때, 악성 그레이브스병이라고 하더라고요. 청소년 발병률은 극히 낮은데 '악성'이라며 고개를 흔들던 의사 선생님 모습이 제게 큰 상처가 됐어요.

"평생 약을 먹어야 할지도 몰라요. 학습 능력도 급속도로 떨어질 거예요. 정상적인 학교생활이 불가능할 텐데……."

그때 그분의 말을 안 들었으면 좋았을 거예요……. 부정적인 말이 사람을 죽인다는 걸 저는 체험했죠. 같은 상황에서 의사 선생님이 말을 이렇게 바꾸어 해주었다면 어땠을까요?

"다른 사람이라면 지금 네 몸 상태로는 학교도 다니기 힘들지 몰라. 그런데 너는 학교에 다니고 있는 걸 보니 정신력이 강하구나. 약을 좀 오래 먹어야 할 수도 있지만, 긍정적인 마음을 가지면 육체의 병을 극복하는 데 큰 도움이 된단다."

이렇게 바꿔 말하면 느낌이 어떻게 다른가요? 전자가 사람을 죽이는 말이라면, 후자는 사람을 살리는 말 같지 않나요? **어른의 말 한마디는 한 사람의 인생에 엄청난 영향력을 미칩니다.**

저는 그분이 말한 대로 학습 능력이 급속도로 떨어지고, 스스로 학교생활 부적응자가 되더라고요. 매일 엎드려서 자고, 노트에 필기 대신 죽고 싶다는 말만 반복해서 썼죠.

중2 때 담임 선생님이 그런 저를 걱정하시고, 상담을 하자고 했지만 뿌리쳤어요. 제가 이런 병을 앓고 있다는 걸 말하기 싫어서였어요. 3학년이 되면서 병증도 더 깊어지고, 성적은 50명 중 40등까지 추락했어요.

중3 담임 선생님이 제가 매일 자니까, 어느 날 제 손바닥을 때리며 "넌 미친년이야!" 그러더라고요.

고입 원서를 쓸 때, 담임 선생님은 저에게 상업고등학교에 원서를 쓰라는 거예요. 그때 잊고 있던 제 꿈이 떠올랐어요.

"내 꿈이 교수가 되고 작가가 되는 건데…… 상업고등학교는 내 적성과 맞지 않으니까 지방대라도 가야 하지 않을까……."

담임 선생님한테 말했더니 '역시 너는 미친년'이라며, 네가 어떻게 인문계 고등학교를 가고 대학에 가느냐고 하더라고요. 시험까지 한 달 남았으니 공부하겠다, 나 머리는 안 나쁘니 할 수 있다고 큰소리치고 원서를 썼는데…… 선생님이 말한 대로 저는 떨어지고 말았어요.

졸업식 전날, 그 선생님이 제게 말했어요.

"넌 학교 망신이야."

가방도 그대로 두고 실내화를 신은 채로 울면서 학교를 나왔어요. 그 후 한 번도 학교 근처를 가본 적이 없었습니다.

재수하는 동안 제가 효도한 게 하나 있어요. 딸이 아프고 학교도 떨어지고 난리가 나니까, 두 분이 대동단결하며 사이가 좋아지더라고요. 아픈 경험도 쓸모가 있다는 걸 그때 알았어요.

아버지는 매일 저를 부산시립도서관에 데려다 주셨어요. 아버지가 퇴근할 때까지 마음껏 책을 읽고, 일주일에 두 편 무료로 보여주는 명작영화를 보라고 하셨죠. 하지만 저는 인생을 망친 것 같았어요.

아버지는 제게 "상미야, 네 꿈이 작가가 되는 거지? 지금 네 나이에 마음껏 책을 읽고 좋은 영화를 보는 청소년은 한국에서 네가 유일할 거다. 딸아, 지금 네가 겪는 고통이 나중에 너처럼 마음 아픈 사람들을 살리는 말을 하고 글을 쓰는 데 거름이 될 거야……"라고 말씀하셨어요.

내가 그런 사람이 될 수 있을까, 자신이 없었지만 아버지의 말 한마디가 자살하지 않고 살아갈 수 있었던 유일한 끈이 되었던 것 같아요.

작년에 소년원에서 새롭게 영화 치료 수업을 개강하던 날, 소년원 선생님이 제 소개를 너무 멋지게 해주시는 거예요. 아이들 표정은 '정말 짜증 난다'였죠. 아무도 제게 집중하지 않았고, 한 명이 껌 씹는 표정으로 말했어요.

"아 재수 없어. 잘난 년, 연설 듣는 거 지겨워!"

강의하는 게 직업인 저는 대중 앞에서 떨지 않는 편인데, 다리가 후들거리더라고요. 열여섯 살 소녀들에게 어떤 말을 할까 고민하고 있을 때, 열여섯 살 박상미가 제게 말했습니다.

"네 얘기를 해! 너처럼 마음이 아파서 여기까지 온 애들이야!"

저는 처음으로 저의 아픔을 꺼내놓기 시작했어요.

"여러분, 저와 여러분의 공통점이 있어요. 그 얘기를 하려고 왔어요."

"아, 짜증 나. 무슨 공통점?"

아이들은 여전히 떠들며 집중하지 않았죠.

"여러분 나이 때 저도 학교에 다니지 않았어요. 저는 고등학교를 재수했거든요. 중3 때 반에서 40등도 해봤어요."

아이들이 갑자기 책상을 두드리며 웃더라고요. 어떻게 고등학교를 떨어지냐고.

"우리는 이 안에서 검정고시 보고도 고등학교는 가요."

"와, 대박, 40등을 하고도 어떻게 교수가 돼?"

그러더니 갑자기 제 얘기에 집중하기 시작했어요.

"네, 저 정말 공부 못했죠? 그런데 전 이상한 병에 걸려서 몸도 많이 아팠어요."

제 얘기를 쭉 하니까, "아, ×× 좀 슬프다"며 눈물을 닦는 아이들도 있었어요.

"지금 여러분들과 과거의 저, 별로 다르지 않아요. 어린 시절에 겪은 아픔을 잘 극복하면 내가 꿈꾸는 모습으로 성장할 수 있어요. 내가 나를 포기하지만 않으면 돼요. 나를 믿으면 꿈을 이룰 수 있어요. 적어도 여러분은 그때의 저보단 건강하니까 앞으로 저보다 더 잘할 수 있지 않을까요?"

교실은 조용해졌고, 아이들 표정은 진지해졌어요.

"여러분, 25년 후에 최소한 박상미 정도 못 되겠어요?"

아이들은 모두 할 수 있겠다고 고개를 끄덕이더라고요. 그때 깨달았어요. 가장 부끄럽고 고통스럽던 내 과거가 누군가에겐 희망이 될 수도 있는 거구나…… 그 후에 우리는 급속히 친해졌어요.

얼마 전에는 제가 졸업한 중학교에서 명사 초청 강연 제안이 온 거예요. 학교 이름을 듣자마자 심장이 뛰면서 환청이 들렸어요.

"너는 학교 망신이야."

부산에 자주 강연을 가지만 그 학교 근처는 지나다니지 않았죠. 실내화를 신은 채로 학교를 영영 빠져나왔던 박상미가 울고 있을 것 같았거든요. 저는 여전히 울고 있는 열여섯 살 박상미와 직면하고 상처에서 벗어나기로 결심했어요. 그리고 강의를 하러 갔어요.

전교생이 모인 강당에서 졸업생이라는 사실을 밝히고 이야기를 시작했어요. 아이들은 제가 사회에서 이룬 이력엔 별 관심이 없었지만 제가 공부를 못했던 사람이라는 걸 너무나 좋아하며 뜨거운 동지애를 보내더라고요.

손을 잡아주려 애쓰셨던 2학년 때 담임, 오천영 선생님과도 재회했어요. 수학여행 때 정이품송 아래에 누워서 별자리를 설명해주시면서 "원래 우리가 꿈꾸는 것들은 멀리 있는 거야……. 멀지만 어디선가 반짝이고 있는 꿈을 반드시 찾아가라"고 저에게 믿음을 주셨는데, 제가 오랜 시간 잊고 살았더라고요.

인간의 뇌는 부정적인 감정을 긍정적인 감정보다 1.4배 강렬하게 받아들이고, 좋은 기억보다 나쁜 기억을 3배 이상 오래 기억한대요. **좋은 기억을 기록하고 되새기는 건 자존감을 높이는 데 중요해요.** 저처럼 상처가 되는 말들만 가슴에 깊이 새기고 살고 있진 않는지, 오늘 한 번 돌아보시면 좋겠습니다.

오천영 선생님이 말씀하셨어요. 학교에 '박상미 교수 강연 포스터'가 붙어 있길래, '아, 저 상미가 예전 그 상미라면 얼마나 좋을까…….' 사진을 보니, 역시 아니더래요. 너무 예쁘더래요. 그래도 확인을 해보고 싶어서 〈세상을 바꾸는 시간 15분〉에 출연한 박상미를 검색해보니, 목소리가 맞더래요. 선생님은 제가 잊고 있던 것들까지 기억하고 계셨어요. 40등이 아니고 44등까지 내려갔었다는 것도 확인해주셨죠.

당시 제 사진도 대형 화면에 띄워주셨는데, 아이들은 더 열렬히 탄성을 질렀어요. 제가 봐도 너무 못생겼더라고요. 못생긴 과거의 제 모습마저도 아이들에게 희망이 될 수 있다는 사실에 부끄러움은 잊을 수 있었죠. 후배들에게 제가 말했어요.

"성적이 나빠서, 부모님 사이가 나빠서, 우리 집이 너무 가난해서 괴로운 사람 있으면 마음속으로 손을 들어보세요……. 괜찮아요. 혼자 울지 말아요. 특히 가정환경으로 인해 불행을 느낀다면 그건 여러분 잘못이 아니에요. 도움이 필요하면 좋은 어른들에게 먼저 손을 내밀어요. 그리고 손을 잡아주는 어른의 손을 놓지 말아요. 열등감이 많은 것도 나쁘지 않아요. 성장하는 데 가장 좋은 에너지가 열등감이에요. 20년 후에 내가 어떤 사람이 되어 있을지, 쉽게 상상하지 말아요. 여러분들이 다음에 이 자리에 서서 저처럼 강연을 하는 날이 올지도 몰라요."

그날부터 아이들에게서 메일이 오기 시작했어요.

"부모님이 이혼한 후 친척 집을 전전하며 살았어요. 나만 불행한 것 같아서 늘 죽고 싶었는데, 저도 25년 후에는 선배님처럼 학교에 와서 강연을 하겠다는 꿈이 생겼습니다. 제 이름을 꼭 기억해주세요."

저는 이 아이의 말이 현실이 되도록 매일 기도해주려 합니다.

1999년, 아버지가 돌아가실 때까지 주고받은 편지가 제겐 한 박스가 있어요. 대부분이 독서 편지였어요. 아버지가 저에게 도움될 문장들을 뽑아서 써주시고, 마지막엔 "딸아, 세상을 살다 보면 힘든 일이 생긴다. 그때는 이 문장을 기억해라." 이렇게 써주셨죠. 저는 "사랑하는 아빠!"로 시작하는 답장을 썼어요.

아버지가 돌아가실 때, 제게 남겨준 경제적 유산은 없었습니다. 투병하는 동안에도 아버지는 "남은 빚이 얼마고?" 걱정하셨으니까요. 하지만 저는 저처럼 값진 유산을 물려받은 이를 만나보지 못했습니다. 정말 힘든 날엔 편지 박스를 열어서 한 장을 뽑아요. 그러면 놀랍게도 오늘 제게 필요한 말이 써 있어요.

"너처럼 마음 아픈 사람들을 살리는 말을 하고 글을 쓰는 사람이 되거라."

이 편지를 쓴 제 아버지는 과연 죽었을까요? 저는 한 번도 이분이 죽었다고 생각해본 적이 없어요. 나를 믿어주는 한 사람의 힘을 오늘도 글로 보여주고 있으니까요.

나를 믿어주는 한 사람이 지금 곁에 있나요? 나는 누군가에게 그런 한 사람이 되어주고 있나요? 지금 고통의 긴 터널을 지나고 있는 분이 있나요?

오늘 내가 겪는 거센 고통이, 누군가에게 뜨거운 희망이 되는 멋진 스펙이 되는 날이 올 겁니다. 나를 믿어야 꿈을 이룹니다. 여러분을 응원합니다.

박상미 샘의 〈세상을 바꾸는 시간, 15분〉 「흉터가 무늬가 될 때」 강연을 공유합니다. QR 코드나 유튜브를 통해 볼 수 있습니다.
https://youtu.be/GZMS2ivAi_o

● 특강 2　　　　밑 빠 진 독 에 물 을 부 을 때
　　　　　　　기 적 이　　　일 어 나 요

　　　　　　저는 사람 사는 이야기를 글로 쓰고, 다큐영화
로 찍고, 그것으로 마음을 치유하는 강의를 하죠. 동화작가, 문화
평론가, 칼럼니스트, 대학교수, 심리상담사…… 불리는 이름이 많
아요. 저는 다큐감독이기도 해요. 폼 나는 이름이죠? 37세에 처음
카메라를 잡고 7년 동안 네 편의 다큐를 찍었어요. 참 독특한 이력
이죠.

　아마 제가 찍은 영화를 보시면 누구나 영화를 찍을 수 있구나!
자신감이 생길지도 모릅니다. 많은 사람들이 '영화'를 찍는다고 하
면 굉장히 멋있는 일을 한다고 생각합니다. 혹은 아무나 할 수 없
는 일이라고 생각합니다.

　하지만 저는 누구나 할 수 있는 작업이라고 생각해요. 저는 대

학에서 다큐멘터리 제작 수업을 할 때도 의미 있는 이야기를 일상에서 만나면 핸드폰으로 영상을 찍고, 그걸 통해서 세상과 소통하려 합니다. 이야기를 영상으로 찍고, 그것으로 세상에 말을 걸고, 서로를 치유하는 좋은 도구이기에 저는 영화를 사랑합니다.

우리나라에서 유일한, 시청률 100% 방송이 있어요. 말도 안 된다고요? 실화예요! 전국 52개 교도소 5만 4천여 명 재소자들이 보는 방송을 법무부 '교화방송국'에서 만드는데요, 저는 거기서 '영화 치유' 방송을 맡아서 하고 있습니다. 영화를 통해서 심리 치유를 하는 것이죠. 교도소와 소년원을 찾아가서 '영화 치유 학교'도 열고 있습니다.

교도소는 사실 '마음이 아픈' 사람들이 가장 많이 모여 있는 곳입니다. 그들을 교화하려면 '아픈 마음을 치유'하는 일이 가장 먼저고 제일 중요한데요, 초등학교 졸업자부터 미국 박사, 정치인 기업 총수까지, 20대부터 80대까지 학력과 나이가 천차만별인 사람들을 한날한시에 앉혀 놓고 '마음의 문을 여는' 수업을 하는 건 무척 어려운 일입니다.

처음엔 문학 수업을 했는데, 학업 능력 차이가 너무 심한 거예요. 특히 '사기'로 들어온 분들은 상당히 분석력이 뛰어나거든요 (웃음). 글보다는 영상이 그분들과 공감과 소통에 대한 수업을 하기엔 효과적일 것 같아서 '영화 치유 학교'를 열었어요. 영상은 누구나 쉽게 접하고 오감을 파고드니까 공감하고 소통하는 도구로 더 적절하죠. 효과가 좋았어요. 가장 좋은 소통의 수단은 '영화'라는 확신을 갖게 되었죠.

글을 몰라도 영화 속에서 이야기를 읽어내고 공감하고, 나의 이야기를 끌어낼 수 있으니까요. 영화 스토리텔링에서 빠지지 않는 세 가지(폭력, 살인, 섹스)가 없는 영화만 교도소에서 텍스트로 쓸 수 있기 때문에 영화 선정이 매우 어렵습니다. 그래서 제가 찍은 영화를 편집해서 텍스트로 쓸 때도 있습니다.

제가 찍은 〈마더 마이 마더〉https://www.youtube.com/watch?v=SHogCUxM7vc 라는 70분짜리 다큐는 일반인들은 잘 모르고 재소자들, 미혼모, 입양인들에게는 잘 알려진 영화입니다. 해외 입양인들과 그들의 어머니, 미혼모들의 이야기를 담은 영화입니다. 서른여섯 살까지 영화를 직접 찍게 될 거라고는 1초도 상상해본 적이 없습니다. 우아하게 대학에서 영화비평을 가르치며 살아갈 줄 알았습니다. 서른일곱 살에 무거운 장비를 어깨에 메고 다니며 영화를 찍게 될 줄은 몰랐습니다. 갑자기 카메라를 든 데는 절실한 이유가 있었습니다.

5년 전, 제가 잠시 독일에서 공부할 때의 일입니다. 처음 외국에서 생활하게 된 저는 길에서 저와 닮은 얼굴을 만나면 눈물이 날 정도로 반가워서 "한국 사람이죠?" 하고 물을 정도로 촌사람 행세를 했습니다. 그런데 어느 날 뮌헨 중앙역에서 "한국 사람이죠?"

하고 독어로 먼저 물어오는, 저와 닮은 얼굴이 있었습니다.

영락없는 한국인의 얼굴인데 한국어를 전혀 모르는 그녀는 생후 6개월 때 독일로 입양된, 해외 입양인이었습니다. 여행을 함께 하면서 우리는 많이 가까워졌습니다. 1980년 탯줄을 단 채로 까만 비닐봉지에 담겨서 노량진 수산시장 쓰레기통 옆에서 발견되었다는 게 그녀가 아는 '한국인'으로서 자기 정체성의 전부였습니다.

그녀는 제게 한국어를 배우고 싶어 했고, 어머니의 나라 한국에 가보는 게 소원이라고 했습니다. 한국에 가서 엄마를 찾고 싶고, 자신과 같은 해외 입양인들의 이야기를 누군가가 다큐영화로 찍어주면 좋겠다는 것이었습니다. 자신을 버린 조국에 대해 어떠한 원망도 없이, 내가 태어난 나라 '한국'에 대해서 묻고 또 물었습니다. 그녀가 한국을 그리워할수록 저는 한국인으로서 빚진 마음이 더 무거워졌고 심한 부끄러움을 느끼게 되었습니다.

방학이 끝나고 한국으로 돌아왔을 때, 그녀에게서 한국을 찾아온다는 연락이 왔습니다. 즐겁게 서울 여행을 함께할 생각에 들떠서 인천 공항에 마중 간 저는 그녀를 만날 수 없었습니다. 그녀는 인천 공항에 내리자마자, 화려하고 웅장한 공항 모습에서 '너무나 잘 사는 나라 한국'을 마주한 것입니다.

"이렇게 잘 사는 나라가 나를 버렸어? 나는 내가 태어난 한국이 가난해서, 나를 키울 수 없어서 해외로 보냈다고 생각하며 원망하지 않는데, 심한 배신감만 느끼고 나는 돌아간다. 나는 한국을 저주하면서 살 거야."

문자 메시지만 남긴 채 독일로 돌아가버렸습니다. 그 친구는 제게 큰 숙제를 남겨두고 그렇게 떠났고, 다시는 볼 수 없었습니다.

처음에는 단편 다큐멘터리 한 편만 찍을 계획이었습니다. 엄마를 찾기 위해 조국을 찾아온 입양인들을 만나서 이야기를 듣고 다큐를 찍기 시작했습니다. 그들을 버릴 수밖에 없었던 엄마는 90%가 미혼모였습니다. 미혼모들이 왜 이 땅에서 아이를 키우지 못하고 해외로 입양을 보내야만 했는지 미혼모들의 이야기를 들어주어야 했습니다. 지금도, 오늘도 아이들은 여러 가지 이유로 버려지고, 해외로 입양을 갑니다.

저는 입양 가서 성공한 사람들의 성공 신화를 TV로 보며 감동받기만 했는데, 미국으로 입양 갔다가 양부에게 맞아서 죽은 현수가 있고, 입양 후에 출생신고도 되지 않은 상태에서 여러 번 파양당한 후에 결국 노숙자로 떠돌다가 한국으로 추방되어 돌아온 입양인도 있다는 걸 알게 되었습니다.

"너의 조국으로 돌아가라."

추방할 때 미국 경찰은 이렇게 말을 했다고 합니다. 돌아온 그들은 묻습니다.

"어디가 나의 조국인가요?"

제가 몰랐던 사회의 단면들을 접하자 잠이 오지 않았습니다. 오로지 '나'만을 위한 인생을 살았던 제 자신이 부끄러웠습니다. 사회의 차별적 시선과 경제적 어려움 속에서도 씩씩하게 아이를 키우며 살아가는 미혼 엄마들, 자신을 입양 보낸 한국으로 돌아온 입양인들의 이야기를 한국 사회는 외면해왔기에, 그들이 하고 싶은 말을 실컷 할 수 있도록 가장 낮은 자세로 카메라를 들고 이야기를 들어주었습니다. 그렇게 네 편의 다큐를 찍게 되었습니다.

영화를 찍는 동안 섀넌 두나 하이트를 만나게 되었습니다. 네 살 때 미국으로 입양을 갔던 사람이, 한국으로 돌아와서 미혼모들과 입양인들을 돕고 있다는 것이었습니다. 미혼모 가정 아이들의 멘토가 되어주고, 해외 입양인들이 한국에 돌아와서 부모를 찾을 때 통역 봉사를 하며, 해외 입양의 문제점을 알리기 위해 앞장서는 사람이라고 했습니다. 입양인들과 미혼모 가족이 연대한 단체에서 '아이를 잘 키울 수 있는 한국 사회'를 만들기 위해 일하는 사람이었습니다.

왜 여기서 이 일을 하느냐고 제가 물었을 때, 섀넌은 이렇게 대답합니다.

"미혼모는 내 엄마의 과거이고, 아이들의 미래는 나일 수도 있기 때문이죠. 저는 아이들에게 말해줘요. 너의 엄마가 얼마나 훌륭한 사람인지를. '한국 사회에서 미혼모로 살기가 참 힘든데도 불구하고, 너를 입양 보내지 않고 키우셨잖아? 너는 참 행복한 사람이라는 걸 기억해.' 저는 그들이 엄마와 나처럼 살지 않기를 바랍니다. '우리 엄마도 미혼모였다면 한국 사회에서 나를 키우기가 얼마나 힘들었을까' 생각하면서 나는 엄마를 이해하게 되었어요. 제가 도움을 주는 게 아니라 서로 위로를 주고받아요. 서로에게 '내 편'이 되어주면서요. 아픈 경험을 가진 사람들끼리 서로 힘과 위로가 되어주는 사이이지요.''

우리는 이 영화를 찍은 뒤 여러 차례 휴먼 라이브러리 영화제를 열었습니다. 그리고 당사자들과 일반들이 함께 이야기를 나누는 토론회를 가졌습니다. 이 영화를 찍는 동안 미혼모들과 입양인들은 말 못하고 혼자 속으로 괴로워했던 자신들의 인생을 이야기하며 많은 눈물을 흘렸고, 스스로 치유 받았다고 말합니다. 출연하지 않았지만 영화를 함께 본 미혼모와 입양인들도 나 혼자만의 고통이 아니었다는 걸 깨닫고 아픔이 있는 사람들끼리 서로의 '내 편'이 되어주면서 살겠다는 말을 하는 걸 들으면서, 영화가 가진 치유의 힘을 실감하게 되었습니다.

재소자들, 소년원 아이들 또한 〈마더 마이 마더〉를 보면서 많은 눈물을 흘렸습니다. 영화 속에서 자신들의 모습을 본 것이죠. 아이를 버릴 수밖에 없었던 엄마의 눈물을 보면서 나를 버린 엄마를 용서하고, 어려운 환경 속에서도 아이를 지키려는 엄마의 고통을 보면서 불화가 심했던 엄마를 이해하게 되고, 버려졌었지만 사회에 꼭 필요한 존재가 된 사람을 보며 "나도 지금이라도, 그런 삶을 살 수 있을까요?" 묻기도 합니다. 그리고 영화 속에서 발견한 자신의 이야기를 꺼내기 시작합니다.

"나도 샛년 언니처럼 살고 싶다는 꿈이 생겼다"는 16세 소녀의 고백을 들은 날, 저는 힘겹게 다큐를 찍느라 겪었던 괴로움이 한순간에 사라지는 기쁨을 느꼈습니다. 제가 찍은 영화는 영화제에서 상을 받지도 못했고, 번듯한 극장에서 상영되지도 못했기에 세상을 바꾸어보겠다는 우리의 꿈을 대변하기엔 너무 초라했습니다. 하지만 의미 있는 목소리들이 가득 담겨 있었기에, 작지만 큰 목소리가 될 수 있다고 확신했습니다.

저는 영화를 수많은 방송국 피디들에게 보여주며 방송물 제작의 필요성을 설득했습니다. 내 영상을 마음대로 써도 되고, 인터뷰를 해줄 사람도 섭외해주겠다고 말이죠. 그후 제가 출연 중이던 KBS 아침 프로에 제 영화 이야기가 소개되었고 한국에서 생모를 찾은 입양인도 있었습니다. "네가 무슨 영화를 찍는다고 그 나이에 난리냐?" 걱정하시던(사실은 비웃으셨던) 어머니도 그때는 "너, 의미 있는 데 시간을 쓰는 재주가 있구나." 처음 칭찬을 해주셨습니다.

여자 소년원 영화 치유 학교에서는 16~17세 아이들을 가르칩니다. 전원 성 경험, 가출 경험이 있고, 그중 반은 낙태한 적이 있습니다. 성매매, 성매매 알선, 절도로 들어온 아이들이 많지요. 아이들은 내게 "제 죄명은요……"라고 말합니다. 그 단어를 쓰지 말라고 말해도, 아이들은 어른들이 명명한 '죄명'을 이미 자기 이름의 일부로 받아들인 것 같습니다.

아이들은 대부분 가난한 집 아이들이고, 불화가 심한 가정에서 자랐죠. 부모님의 사랑을 받지 못하고 가정이 파괴된 아이들은 거리를 헤매다가 나쁜 어른들을 만나 죄명을 달고 그곳에 들어와 있습니다. 얼굴은 모두 벚꽃처럼 예쁜데, 믿기지가 않죠. 그 아이들과 비슷한 아픔을 겪은 샤넌이 잘 극복하고 의미 있는 삶을 사는 모습을 보고 롤 모델로 삼으면서, 아이들에게 꿈이 생기는 걸 보았습니다.

소년원 아이들 수업을 하면서 '엄마'와 '아빠'에 대한 얘기가 나오면 '세상에서 가장 사랑하는 사람'이라는 답을 하는 애들은 거의 없습니다. 엄마 아빠는 원래 없었던 사람 또는 때리고 욕하는 사람…… 이런 답이 많습니다. 성인 재소자들도 마찬가지입니다. 불행한 유년을 거쳐서 어른이 되고 자신도 부모가 되었지만, 자신이 증오하던 어른의 모습을 답습하며 사는 사람들이 많았습니다. 사랑을 받아보지 못한 사람은 자신을 사랑할 줄도, 타인을 사랑할 줄도 모릅니다. **사랑받고 존중받아본 사람만이 타인을 사랑하고 존중할 수 있어요.**

나를 믿어주고 응원해주는 존재가 없으면 세상을 불신하고 상대도 파괴하고 싶은 충동이 생깁니다. 분노를 조절하지 못해요. 갈등 상황에 놓이면 순간의 분노 조절을 못해서 타인에게 해를 끼칠 수 있는 거예요. 결국 그건 내 인생을 망가뜨리는 일인데 말이죠.

누군가는 저에게 교화시설에서 '영화 치유' 수업을 하는 건 시간 낭비다, 밑 빠진 독에 물 붓기다, 사람 변하지 않는다, 출소하고 찾아오면 어떡하려고 그러느냐며 걱정을 쏟아놓기도 합니다. 그들에게 영화 치유 수업을 하는 것은 '밑 빠진 독에 물 붓기' 맞습니다. 그런데 **콩나물 키워보셨나요?** 밑이 빠진 독에 물을 부으면 물은 밑으로 다 빠져버리지만, 콩나물은 그 물을 먹고 쑥쑥 자랍니다. 당장에 밑으로 새는 물을 볼 것인지, 눈에 보이지 않지만 서서히 자라는 콩나물을 볼 것인지는 우리의 선택에 달려 있습니다.

저는 요즘 잘 자란 콩나물들을 자주 만나고 있습니다. 소년원에서 가장 욕을 많이 하고, 제게 반항적이던 아이가 영화 치유 학교가 끝날 무렵, 저에게 무작정 '엄마'가 돼달라는 거예요. "선생님, 저는 엄마라는 단어를 한 번도 못 불러봤어요. 내 엄마가 되어주세요!" 아이 마음의 문을 여는 데는 성공한 것 같아 나중에 "너 아버지는 어디 계시니?" 물었더니, "큰집(교도소의 은어)에서 매주 선생님 영화 치유 수업 듣고 계신다고……(웃음)." 제가 딸로 삼은 그 아이는 엄마 얼굴은 모르고 컸고, 아버지는 있지만 교도소에 무기수로 있습니다. **사랑을 받은 사람은 변합니다.** 저는 그 아이가 이제 아픈 경험을 가진 사람들에게 힘과 위로가 되어주는 사람으로 잘 자랄 수 있을 거라고 믿습니다.

저는 다큐감독이라는 이름으로 불리는 게 여전히 부끄럽습니다. 저는 다만 영화를 통해 밑 빠진 독에 물 주는 일을 하는 사람일 뿐입니다. 즉 '영화'라는 도구를 통해 물을 꼭 필요로 하는 콩나물 같은 아이들, 이 사회의 소외된 사람들, 애정을 받지 못한 사람들과 교류하고 공감하는 사람일 뿐입니다.

물론 사랑하는 연인과 함께 보는 영화, 재밌고 신나는 영화들이 많습니다. 그러나 제가 만들고 전하고 싶은 영화는 주목받지 못하는 소외된 이들의 이야기입니다. 최근에는 강원도 상동, 폐광촌에 사는 글 모르는 할머니, 할아버지들이 글을 배우고, 자신의 이야기를 자서전으로 쓰는 과정을 도와드리고 〈내 인생 책 한 권을 낳았네〉라는 다큐멘터리를 찍었죠. 평생의 상처, 한 많은 인생을 이야기로 풀어내면서 상처를 치유하는 어르신들을 보면서 저도 많은 치유를 받았습니다.

소외된 사람들의 이야기, 상처 많고 눈물로 얼룩진 이야기에도 관심이 필요합니다. 누군가의 관심은 사람을 변하게 하고 치유하게 하고, 세상을 조금이라도 변화시킬 수 있기 때문입니다.

박상미 샘의 〈세상을 바꾸는 시간, 15분〉
「영화가 주는 치유의 힘」 강연을 공유합니다. QR 코드나 유튜브를 통해 볼 수 있습니다.
https://youtu.be/e5lhkEx7kvo

● 특강 3   '직 업'의 진 짜 의 미 를 알 면
             돈 이   벌 고   싶 어 져 요

여러분, '직업'의 진짜 의미가 뭔지 아세요? 저
는 오늘 여러분에게 '직업'의 진정한 의미에 대해서 얘기하고 싶어
요. 직업은요, '직'과 '업'으로 나누어 생각해야 돼요. 사전에서 '직
업'의 뜻을 찾아볼게요.

> – 생계를 유지하기 위하여 자신의 적성과 능력에 따라 일정한 기
>   간 동안 계속하여 종사하는 일

사전에 이렇게 나와 있어요. 어때요? 너무 매력 없죠?
'일정한 기간 동안 그리고 생계를 유지하기 위하여' 이 첫 어절
에서부터 힘 빠지죠? 그런데 '직職'과 '업業'의 의미를 나누어보면

그 의문이 풀려요. '직職'은 '직분職分(직무상의 본분)'을 의미하는 글자예요.

여러분들은 앞으로 대부분 대학에 가게 되겠죠. 대학을 졸업하고 취업을 해야 돼요. 왜요?

우리는 경제적으로 자립할 수 있어야만 자기의 꿈을 이룰 수 있기 때문에 경제활동을 해야 하죠. 그때 자신이 맡은 직분에 충실해서 직장에도 이득을 주고, 우리도 월급을 받아야 합니다. 경제적으로 자립하지 못한 사람은 꿈을 이루기 어려워요. 그래서 우리는 직분을 가져야 돼요. 그게 '직'이에요.

그러면 '업業'은 뭘까요? 바로 '과업課業'이에요. 사전적 뜻을 찾아볼게요.

– 꼭 하여야 할 일이나 임무
– 일과日課를 정하여 학업을 닦음. 또는 그 학업
– 특정한 목적을 달성하기 위해 수행되는 하나의 구체적이고 명확한 작업 활동

'직분'과 '과업'은 느낌이 다르죠? '과업'은 평생 동안 내가 의미 있게 꼭 해 나아가야 할 일, 달성해야 할 목표인 거예요. 그래서 저는 직업의 의미를 여러분이 폭넓게 이해해야 된다고 생각해요.

그래서 저의 '직'과 '업'을 나누어서 설명을 해보려고 합니다.

저는 박상미예요. 언론에서 여러 가지 이유로 저를 인터뷰 한 적이 많은데요, 인터뷰 할 때마다 제가 받은 질문이 "도대체 직업이 뭐예요?" 합니다. 그때 저는 '직'과 '업'을 나누어서 설명을 해줬어요.

저의 '직'을 설명할게요. 저는 경찰대학 교양과정 교수로 있습니다. 문학·영화·글쓰기를 심리학과 접목해서 가르치는 재미있는 수업을 하고 있어요. 저에게 월급을 주는 아주 고마운 학교죠. 여기서 매달 월급을 받으니까, 제가 하고 싶은 여러 가지 일들을 할 수 있어요.

또한 고정적인 '직'은 아니지만 '생계를 유지하기 위하여 자신의 적성과 능력에 따라 일정한 기간 동안 계속하여 종사하는 일'에 속하는 활동들이 있어요. 여러 매체에 고정적으로 칼럼을 써서 원고료를 받아요. 참, 방송에도 종종 나가서 강연을 하고 출연료를 받네요. 이런 일들이 저의 '직'이라고 할 수 있겠네요.

이제 '과업課業'에 대해 얘기해볼까요? 저는 '과업'에 대한 욕심이 커요. 제가 살면서 꼭 하여야 할 임무, 특정한 목적을 달성하기 위해 수행되는 하나의 구체적이고 명확한 작업 활동 말이에요.

저는 심리학 중에서도 공감, 소통, 치유, 회복에 관심이 많아요. 깨진 관계를 회복하고, 아픈 상처를 치유하는 데 도움을 주는 삶을 살고 싶어요. 대상이 어린아이라면 동화를 써서 다가가고요, 성인들을 위해서는 에세이를 쓰고요, 그 에세이를 모아서 세 권의 책을 냈고요. 가끔은 카메라에 담는 것이 더 적절할 땐 다큐멘터리 영화를 찍습니다.

제가 여러 편의 다큐멘터리 영화를 찍었는데요, 미혼모들과 입양인들의 이야기였어요. 앞에서 제가 독일에서 만난 입양인 친구가 엄마를 찾는 과정을 영화로 찍어달라고 해서 다큐를 찍기 시작했다고 말해주었죠? 사실 처음엔 제가 직접 찍는다는 건 상상조차 못했어요. 한국에 와서 영화감독 10명을 만나 부탁했어요. 그런데 모두가 돈이 많이 들고 너무 힘든 작업이어서 못 하겠대요. 들어보니 이해가 되었어요. 열 번째 거절당한 날 버스를 타고 집에 가는데, 이렇게 포기하면 평생 마음이 불편하겠더라고요. 누군가는 꼭 해주었으면 하는 생각이 간절했어요.

그래서 '내가 배워서 내가 찍자!' 결심했어요. '아무도 하지 않는 일인데 의미 있는 일이라면, 내가 해야 할 일이구나……' 서른일곱 살에 처음으로 카메라를 들고 편집 기법을 배워서 영화를 찍기 시작했어요. 그렇게 입양인, 미혼모, 베이비박스 등등 여러 편의 다큐를 찍었어요. 최근에는 강원도 탄광촌 할머니들의 자서전 쓰기 과정을 여러 명의 친구들과 함께 장편 다큐로 찍었어요. 모두 아픈 이야기를 들어주고 함께 희망을 찾아가는 이야기들이죠. 그러다 보니 어느 날 제가 영화감독이라 불리고 있더라고요.

또한 제가 가장 시간과 마음을 많이 쓰며 자원봉사로 하는 일은 교도소와 소년원에서 심리 치유 강의를 하는 것이에요. 그 안에서 사람들이 변화되어 나오면 좀 더 안전한 사회가 될 것 같아서 하는 일이지요.

저는 동화작가이기도 해요. 동화는 어릴 때부터 일기처럼 쓰기를 좋아했어요. 모두 제 이야기죠. 느리고 여린 아이가 성장해 가며 겪는 일들을 열심히 썼죠. 신문사 동화 공모에 열아홉 살부터 20년 동안 매년 도전해서, 20전 19패 1승! 서른 아홉 살에 동화작가로 데뷔를 했답니다.

제가 하고 있는 일이 참 많아 보이네요. 하지만 제가 하고 있는 일은 사실 한 가지예요. '이야기'를 하는 일이에요. 마음 아픈 사람들이 마음을 치유하는 데 도움을 주는 이야기를 하고 싶은 거예요.
꿈이 없는 사람들에게 꿈을 주는 이야기를 쓰고 싶고, 마음이 괴로운 사람들한테는 고민 해결에 도움이 되는 이야기를 쓰고 싶어요. 마음 아픈 어린이들은 어른의 글을 읽을 수 없잖아요? 그 어린이들에게는 동화로 이야기를 해주고 싶고요. 그리고 글보다 영상이 힘이 센 시대가 왔잖아요? 입양인, 미혼모들의 이야기는 그들이 어떻게 지내고, 사회를 향해 하고 싶은 이야기가 무엇인지 당사자의 목소리로 직접 사회에 말할 수 있게 카메라에 담아주고 싶었어요. 그래서 영화를 찍을 수밖에 없었던 거예요.

저는 누군가 "너의 직업을 한 단어로 표현해봐"라고 하면 '이야기꾼'이라고 표현해요.

"나는 이야기꾼인데 그 이야기를 하기에 가장 적절한 수단을 찾는 사람이야!"

교도소, 소년원은 꽤 무서울 것 같은데, 돈 한 푼도 안 받고 무료로 강의하는 이유가 뭐냐고 묻는 사람들에요. 그 사람들은요…… 무서운 사람이기보다 마음이 많이 아픈 사람들이에요. 수형자들의 공통점 중의 하나가 따뜻한 부모님의 사랑을 받지 못했고, 그러다 보니 사회에 대한 분노의 감정이 억눌려 있다가 어느 날 폭발하는 경우가 많더라고요.

나와 내 가족이 더 안전하고 두려움 없이 사는 사회를 만드는 데 작은 마음을 보태고 싶어서 저는 제 돈을 들여서 수형자들을 만나러 갑니다. 그리고 조금씩 변하는 그분들을 보면서, 제 삶의 의미를 찾고 보람도 느낍니다.

이건 저의 '직'일까요 '업'일까요?

'업'입니다. 저의 '과업'이에요.

이 일은 시간과 돈을 써야 해요. 소년원에 가면 아이들 간식도 먹이고, 아이들한테 필요한 책도 사주고 싶어요. 교도소에 있는 어른들에게도 책 지원을 꾸준히 합니다. 물론 돈이 듭니다. 돈이 있으면 더 많은 일을 하고, 더 많은 나눔을 할 수 있더라고요. 제가 고정적인 수입이 없다면 불가능합니다. 다큐멘터리도 찍지 못했을 거예요. 안정적인 수입이 있으니까, 하고 싶은 일들을 마음껏 할 수가 있어요.

제가 경제활동을 하지 않으면 안 되겠지요?

이 과업들을 실행하지 않으면 저축은 좀 더 할 수 있겠지요. 잠도 더 많이 잘 수 있고, 유행하는 명품 백도 살 수 있고, 더 좋은 승용차도 살 수 있을 거예요.

하지만 내가 하고 있는 이 '과업'이 내 인생을 좀 더 가치 있게 만들어주고, 돈으로 살 수 없는 보람을 얻게 해줍니다.

소년원에 있는 아이들은 여러분들과 나이가 비슷해요. 정말 이상한 아이들이 가 있을 것 같죠? 그런데 실제로 만나보면 착한 아이들도 많아요. '마음이 아파서' 인생의 큰 사고가 난 아이들이 많아요. 부모님이 안 계시거나, 계신다 하더라도 폭력적이고 사랑을 주지 않는 분들이 많지요.

"너네 엄마랑 나랑 나이가 비슷할 것 같은데, 나한테 엄마라고 불러도 돼."

저는 소년원 교육을 가면 가르치기보다 많이 안아주고 이야기를 많이 들어줍니다. 아픈 마음을 저에게 좀 털어놓을 수 있도록……. 공감하고 위로해주면 아이들이 조금씩 변하더라고요.

변화되는 아이들의 편지를 받을 때마다, '이 과업을 죽는 날까지 기쁘고 감사한 마음으로 해야겠다'는 생각을 해요.

여러분, 나의 능력으로 최대한의 돈을 보람 있게 벌 수 있는 '직'을 가지십시오. 그래야만 여러분들이 진짜 하고 싶은 '과업'을 해 나갈 때, 훨씬 더 힘이 되고 그 일을 중도에 포기하지 않고 오래 해 나갈 수 있습니다.

나의 생계를 끌고 가줄 '직'을 가져야만 여러분들이 진짜 하고 싶고 꿈꾸는 것, 사회에 이로운 영향력을 행사할 수 있는 '과업'을 이룰 수 있어요.

나에게 생계를 보장해줄 '직'이 이왕이면 경제적으로 안정을 보장해줄 수 있으면 좋겠죠. 내가 직을 얻는 데 기술이 필요하다면 관련 분야 자격증을 따고, 공부를 해서 시험을 잘 봐야 한다면 공부를 좀 열심히 하면 도움이 되겠지요.

여러분들이 다음에 좋은 직장을 다니게 되면, 다 함께 잘 사는 세상을 만들기 위해서 내가 어떤 기여를 하면서 의미 있게 살까? 나의 과업은 무엇일까? 고민하는 삶을 살았으면 좋겠습니다.

박상미 샘의 서울특별시 교육청의
「꿈넘꿈 진로특강」을 공유합니다.
QR 코드나 유튜브를 통해 볼 수 있습니다.

https://youtu.be/tPodAth_RoA

자, 이제부터
청소년들의 고민에
구체적으로 답해볼게.
우리 편하게
대화해볼까?

"나를 알아야 나를 키운다"

청 소 년 기   뇌 의   비 밀

　　　　　감정 조절이 잘 안 되고 기분이 좋았다 나빴다 곤두박질칠 때가 많지? 어른들은 그런 나를 자꾸만 혼내는 게 이상하지 않니? 그건, 어른들이 청소년기의 당연한 특징을 몰라서 그런 거야. 어른들 특기가 '잊어버리기'거든. 청소년기엔 우리랑 똑같은 과정을 거쳤으면서 다 잊어버리고, 자꾸 어른처럼 생각하고 행동하라고 강요하는 거야.

　우리는 지금 정상적인 발달 단계를 거치며 성장해 가는 과도기에 있다는 걸 기억해. 지극히 정상적인 과정을 거치고 있는 거야. 감정 기복이 심한 게 정상이라고.

　나의 뇌에서는 무슨 일이 일어나고 있는 걸까? 그걸 알면 나를

이해하고, 내 감정을 조절하고 더 나은 행동을 선택하는 데 도움이
된단다.

뇌간 숨 쉬기, 체온 조절, 맥박 조절(엄마 배 속에서 형성)
변연계 감정, 기억, 성욕, 식욕(영·유아기, 아동기, 사춘기에 형성)
전두엽 감정 조절, 기획, 조직, 우선순위 선정, 판단, 결과 예측(여
　　　　자 24세, 남자 27세)

"넌 왜 감정 조절을 못하냐? 성질이 아주 나빠, 저 녀석은!"

"앞으로 어떻게 공부해야 할지 계획도 못 세워? 그러니까 성적
이 안 오르지!"

"낮엔 이거 했다가 저거 했다가 시간 다 보내고, 이제야 숙제하
느라 난리를 치네. 우선순위가 뭔지 정하고 착착 실행에 옮겨야 할
거 아냐!"

"어쩌자고 지갑을 바지 뒷주머니에 넣은 거야? 사람 많은데 가
면서 지갑을 그렇게 허술하게 관리하면 잃어버릴 확률이 크다는
걸 어떻게 모르냐!"

어때? 이런 비슷한 종류의 야단을 많이 맞지 않았니? 이건 뇌의
비밀을 모르는 어른들에게 우리가 억울하게 혼난 거야.

"야, 너의 뇌는 왜 성인의 전두엽이 하는 일을 그렇게 잘 따라
하지 못하냐? 너의 전두엽은 왜 그렇게 발달이 느리냐?" 이렇게

비난하는 것과 같아. 청소년이 아빠한테 "아빠, 저처럼 피부가 팽팽해야죠! 아빠 피부는 왜 그렇게 주름살이 많아요? 피부가 왜 그 모양이에요?" 이렇게 비난하는 것과 똑같은 거예요.

어른들이 청소년기 뇌의 비밀을 모르고 하는 말이니까 너무 열 받지 마. 청소년기는 전두엽이 완성되지 않은 상태이기 때문에 감정 조절, 기획, 우선순위 선정, 판단, 결과 예측을 잘 못할 수밖에 없는 거야. 여자는 24세, 남자는 27세까지 전두엽이 완성되는 시기니까, 우리는 당연히 전두엽이 잘 처리하는 것들에 미숙할 수밖에 없는 거 아니겠어? 그러니까 어른들이 전두엽이 하는 일을 두고, 우리에게 잘 못한다고 야단칠 때는 '내 전두엽은 아직 형성되고 있는 중이라는 걸 모르시는군!' 생각하며 너무 열 받지 않아도 돼.

청소년기는 이성적, 논리적으로 사고하고 감정을 조율하는 능력이 많이 부족할 때야. 그런데 몸은 성인처럼 크고 학습 능력도 발달하니까, 어른들은 아이들이 어른과 똑같은 사고를 할 수 있다고 믿어버리는 거야. 그러다 보니 청소년들을 '성질 나쁜 아이', '분노 조절 장애가 있는 아이'로 치부하는 경우가 많아요.

사춘기는 뇌의 전두엽이 리모델링을 하는 시기야.
전두엽은 12세 정도가 되면 반 정도 형성이 돼. 질서를 지켜야 하고, 남에게 피해를 주는 행동은 자제해야 하며, 거짓말을 해서는 안 되며, 예의를 지켜야 한다…… 등의 기본적인 판단이 가능해져. 사춘기에 접어들면 전두엽의 리모델링이 시작된단다. 엄청난 공사가 벌어지는 거야. 더 멋지고 성숙한 판단을 할 수 있는 어른으로 성장하기 위한 공사인 거지!

작은 단층집을 리모델링해서 지하를 새로 파고 5층짜리 건물을 새로 지어 올리는 거나 같은 거라고 생각해봐. 집을 짓는 공사장에 가봤니? 시끄럽고 먼지도 많이 날리고, 분주하게 인부들이 움직이고…… 하지만 그 시간이 지나고 나면 멋진 집이 완성되지? 우리 전두엽 리모델링 공사도 마찬가지야.

우리 뇌 속에서 그런 큰 공사가 이루어지니까 정서적으로 얼마나 시끄럽겠니? 불안하기도 하고, 이유 없이 짜증도 나고, 화도 나고, 반항하고 싶고, 어른들이 하지 말라는 것들을 장난삼아 해보고 싶고, 어른들 골탕도 먹이고 싶고, 잠도 많이 자고 싶고, 아침에 늦잠도 실컷 자고 싶고, 학원 안 가고 친구들이랑 놀러 가고 싶고, 안 하던 것들을 마구마구 하고 싶고…….

내가 왜 그랬는지 이제 좀 이해되지? 너희들 정말 고생 많다. 정말!

우리 뇌 속에는 신경세포라 불리는 뉴런이 있어. 뉴런은 일생 동안의 기억, 습관, 감정, 지능, 언어 등 한 인간을 구성하는 모든 정신 작용이 저장되어 있는 곳이야. 감각기관을 통해 전달된 각종 정보는 뉴런에 저장되고, 시냅스에 의해 그것들은 이어져 있지. 사춘기 때는 뇌 속에 있는 전선이 마구 뒤엉켜 있는 것과 같아. 뇌 속의 연결망이 과잉 생산되고 뉴런과 시냅스의 연결이 너무 많아져서 과부하에 걸리는 거란다.

그러니 차분하게 이성적으로 행동하고, 올바른 판단을 내리고, 어른들이 '착하다', '마음에 든다', '모범적이다' 할 만한 행동을 하기 무척 어려울 수밖에!

어때? 알고 나니까 속이 좀 시원해지지 않니? 오늘부터 부모님과 분쟁이 생기면 화내지 말고 부모님께 친절하게 설명을 해드려.

"저의 뇌는 지금 전두엽 확장 공사로 인해 무척 분주하고 시끄러운 상태라, 어머니께서 원하시는 어른다운 행동은 아직 할 수 없는 시기라는 걸 이해해주시기 바랍니다."

두드러기 나서 못하겠다고? 그럼 이 책을 보여드려!

━ 나의 뇌를 리모델링해요

청소년기의 뇌는 정말 신비로운 상태란다. 그래서 우리 뇌를 잘 이해하고 잘 돌봐야 해. 왜냐고? 이때 경험하는 뇌세포는 강화되고, 경험하지 않는 뇌세포는 소멸하게 돼. 청소년기 때 다양하고 의미 있는 경험을 많이 하면 관련된 연결망이 강화된단다! 바로 지금이야! 우리가 멋진 어른으로 성장할 수 있는 인생 역전 리모델링 기간!

새로운 곳을 여행하고, 흥미로운 책을 많이 읽고 토론하고 질문하는 과정을 통해서 창의성과 관련된 연결망이 확장될 수 있어. 친구들과 함께 모여 봉사활동을 많이 한 학생이라면, 타인을 공감하고 연민을 느끼는 연결망이 강화되겠지? 친구들과 모여서 단체 활동을 많이 하고, 조직의 리더가 되어 관계, 갈등 중재 역할을 많이 해본 아이는 대인관계, 리더십과 연관된 연결망이 강화돼.

어른들 말을 다 들으면 안 돼. (귓속말: 어른 말 다 들으면 정말 평범한 뇌에서 멈춰버릴걸? 창의성 내뿜는 뇌를 만들려면 어른 말을 적당히 거역해야 돼) 노는 것도, 연애도, 여행도, 모두 어른이 된 후에 하라고 지금은 공부만 하라고 강요하잖아?

그런데 공부 외에 모든 경험을 도외시한다면? 학습과 연관된 연결망은 강화되겠지만, 우리가 살아가는 데 필요한 수많은 부분에서 매우 취약해질 수 있단다. 공감 능력, 창의력과 같은 중요한 능력을 이 시기에 습득하지 못한 뇌는 성인이 된 후에 이런 능력을 키우기 어렵단다.

그래서 청소년기에는 다양한 경험을 많이 해야 돼. 도전하고 성공하고 실패도 해보면서 다양한 뇌세포를 강화할 수 있는 거야!

친구들과 치고 박고 싸우기도 해보고, 인간관계의 어려움 때문에 눈물도 흘려보고, 용기 내어 사과하고 관계를 회복하는 경험도 해보고, 이성 친구들과도 잘 어울려보고, 연애도 해보고, 봉사활동도 적극적으로 해보고, 여행을 통해서 문화의 차이도 경험해보고……

청소년기에 이런 경험을 해보지 못한 뇌는 성인이 되어서도 경험해보지 못한 부분에는 아주 취약한 상태로 살아가게 된다는 걸 기억해!

청소년들이 무엇을 보고, 누구를 만나고, 무엇을 생각하고, 무엇을 느끼고, 누구와 대화하느냐에 따라서 그 뇌는 놀라운 경험을 하게 돼. 나의 뇌를 창조하는 데는 부모님의 역할도 중요하지만, 나 스스로 나의 뇌를 어떻게 창조하느냐에 따라서 내 미래는 엄청난 변화를 맞게 된다는 것, 꼭 기억하자!

— 청소년기 뇌의 비밀을 알아야 해요

청소년의 뇌, 특징을 더 살펴볼까? 다음 물음에 ○, ×로 답해볼래?

☑ 청소년기에는 식욕과 성욕이 왕성해진다?
맞아! 감정, 욕구, 기억을 책임지는 변연계가 아주 예민해지기 때문이야. 변연계는 '동물의 뇌'라고도 부르지. 식욕과 성욕을 내가 관심가지고 집중할 수 있는 다른 일에 몰두하면서 적절히 해소하고, 절제할 수 있는 능력을 키우면 좋겠지?

☑ 청소년기에는 이랬다, 저랬다 감정 기복이 심해진다?

맞아! 감정 기복을 조절해주는 신경전달물질인 세로토닌이라는 게 있어. 청소년기에는 세로토닌이 성인들보다 40%나 적게 생성되거든. 그래서 친구들과 재밌어 죽겠다는 생각이 들 정도로 신나게 놀다가 집에 돌아왔는데, 며칠 뒤에 볼 시험 생각을 하면 갑자기 죽고 싶은 마음이 들 수도 있는 거야.

☑ 여자 청소년이 감정 기복이 심할까? 남자 청소년이 감정 기복이 심할까?

남자 청소년! 분노 조절을 잘 못하고, 충동적인 폭력성을 보이고, 유독 감정 조절을 못하는 소년들이 있어. 이 시기에 세로토닌이 더 적게 분비되기 때문이야.

☑ 잠은 6시간 정도만 자면 될까?

안 돼! 청소년들은 8~9시간 정도 자야 해. 청소년의 뇌는 리모델링 중이어서 엄청나게 힘들다고 했지? 시끄럽고 복잡하고 난리가 난 상태니까 얼마나 피곤하겠어? 그래서 잠이 쏟아질 수밖에 없는 거야. 그런데 학교 숙제, 학원 숙제 하다 보면 5시간 정도밖에 못 자는 날도 있지? 그러면 우리의 뇌는 엄청난 스트레스를 받게 돼. 우울해져. 신경도 더 날카로워지고 짜증이 나. 집중력도 떨어져. 성적도 떨어져. 의욕도 없어져. 그러니까, 낮에 멍 때리는 시간을 좀 줄이고, 잠은 8~9시간 정도 자면 우리 뇌가 성장하는 데 훨씬 유리해!

☑️ **어머니가 저와 말이 안 통한대요. 고집불통이고 어른 말을 귀담아 듣지 않는대요. "아직도 내 말이 무슨 말인지 모르겠어?" 이렇게 화를 내세요. 저는 정말 몰라서 모른다고 했고, 저는 제 생각을 솔직하게 말했을 뿐인데……. 제가 비정상인가요?**

정상이야. 청소년기에는 뇌 속에 있는 전선이 마구 뒤엉켜 있는 것과 같다고 했지? 뇌 속의 연결망이 과잉 생산되고 뉴런과 시냅스의 연결이 너무 많아져서 과부하에 걸린 상태라고. 당연히 어른들처럼 차분하게 이성적으로 종합적인 사고를 하는 게 불가능해! 어른보다 인간관계 경험도 적고, 도전도 성공도 실패도 적게 해보았고, 그러니까 당연히 좁은 사고밖에 할 수가 없지. 어른들은 그걸 답답해하지만, 어른들도 청소년기엔 다 그랬단다. 시간이 지나서 잊어버린 거야. 어머니께 이렇게 말씀 드려봐. "엄마, 제 뇌는 지금 대대적인 공사중이라, 어른들처럼 체계적이고 종합적인 사고를 할 수 없는 게 정상이래요. 제가 지금 엄마한테 반항하고 싶어서, 엄마 화나시라고, 엄마 답답하시라고 이렇게 답하는 게 아니라는 걸 알아주세요. '아직도 모르겠냐?'고 화내지 마시고, 제가 이해하기 쉽게 설명을 해주시면 안 돼요?"

지금 이거 읽고 있는 너, 나에게 화내고 있지? 열 받아 죽겠는데 그렇게 말할 수 있겠느냐고? ㅎㅎ. 이해해. 화내도 돼! 여러분의 뇌는 그럴 시기니까. 그런데 이렇게 말하면 어른들의 태도는 좀 달라질걸? 경청하고 공감하는 능력이 부족했다는 걸 스스로도 조금은 느꼈을 거야. 느끼고 나면 조금씩 변하실 거야!

✅ 청소년기에 큰 상처를 받았다면…… 어른이 되면 자연스럽게 극복이 되나요?

아니! 어른이 된다는 건, 청소년기의 문제를 다 해결할 수 있는 능력자로 갑자기 변신하는 게 아니야. 어린 시절의 문제들을 해결하지 못한 채 어른이 되면 문제 많은 어른, 슬픈 어른으로 살아야 할 확률이 높아져.

상처라는 건, 시간이 흐른다고 자연스럽게 치유가 되는 건 아니야. '시간이 약'이라는 말도 있지. 하지만 그건 상처의 강도와 종류에 따라 달라. 깊은 상처일수록, 치유의 과정을 꼭 거쳐야 즐겁고 너그러운 어른으로 성장할 수 있단다.

청소년기는 뇌가 리모델링 공사를 하는 시기라고 했지? 좋은 집을 지으려면 좋은 자재로 좋은 집을 지어야 하잖아? 그런데 기둥에 금이 가고, 벽 한쪽이 무너졌다고 가정해보자. 그 집은 다 짓고 난 후에도 여기저기 보수 공사가 계속 필요하겠지? 안전진단을 다시 해야 할 거야. 어쩌면 집이 기울고 무너져버릴지도 몰라.

상담을 하다 보면 청소년기 때 왕따를 심하게 당했던 피해자들, 부모의 폭력 때문에 큰 상처를 받았던 아이들이 어른이 된 후에도 대인관계를 상당히 두려워하더라고…….

최근에 교도소에서 한 청년을 상담했어. 얼굴에 '모범생'이라고 써 있었어. 명문대를 다니다가 왔다고 교도관이 귀띔해주더라고. 그 청년은 중학교 때, 힘세고 폭력적인 친구의 빵셔틀로 살았대. 거의 몸종처럼 3년을 생활하면서 다른 친구들의 놀림도 많이 받았대. 내가 잘돼서 이 녀석들에게서 벗어나겠다는 생각으로 지독할 정도로 공부만 했대. 좋은 대학에 갈수록 녀석들을 다시 볼 확률이 줄어드니까. 그래서 서울에서 이름난 대학에 입학했대.

문제는 군대에서 터졌어. 고참이 고압적으로 자신을 대하고, 조롱하고, 벌을 세우고…… 고참의 갑질이 심해질수록 고참 얼굴이 그 친구 얼굴로 보이더래. 억누르고 살았던 분노가 두 배 세 배로 커지면서, 제대할 때까지 견디다간 돌아버릴 것만 같더래. 분노가 극에 달한 날, 자고 있는 고참을 무참하게 짓밟으며 폭행을 하고 말았지 뭐야.

결국 영창에 가고 군사재판을 받게 되고…… 뒤늦게 상담 치료를 시작했지만, 이 청년이 청소년기에 어른들에게 적극적으로 도움을 청하고, 보호를 받고, 상담을 받았더라면 얼마나 좋았을까, 많이 안타까웠어.

청소년기의 큰 상처는 청소년기에 치유하고, 극복하기 위한 노력을 해야 돼. 하지만 우리 스스로는 그걸 하긴 어려워. 그래서 우리는 좋은 어른의 손을 잡아야 해. 도움을 꼭 청해야 돼. 잘 극복한 청소년이 어른이 되어서도 인생의 큰 고난을 만났을 때 잘 극복하고 놀라운 성장을 해낼 수 있단다.

분노를 참기 힘들 때 보세요

　　몇 해 전에 거식증에 걸린 지수(16세)를 상담한 적이 있어. 학급에서 반지 도난 사건이 있었어. B가 남자친구와 백일 기념 반지로 맞추어서 낀 건데, 반 아이들이 부러워할 정도로 예쁜 디자인이었고, 너도 나도 한 번 껴보자고 교실에 돌아다니던 중에 없어진 거야.

　　범인으로 추정되는 아이 A가 느닷없이 지수를 범인으로 지목한 거야. 반 아이들은 아닐 거라고 생각했지만, 담임 선생님은 지수를 강하게 의심했어. 지수는 내향적이고 정말 말이 없는 아이였고, A는 말발로 이길 사람이 없을 정도로 말을 잘하는 아이였어. A의 엄마까지 와서 지수가 범인이라고 담임을 설득해버린 거야. 지수가 A에게 "B가 끼고 있는 저 반지 나도 정말 갖고 싶다"고 말한 적이 있다는 게 이유였지.

담임 선생님을 만나서 한참 동안 얘기를 듣고 온 지수 엄마는 지수에게 솔직하게 말해보라며 실토하길 유도했어. 지수는 너무나 큰 상처를 입었지. 세상이 다 의심해도 엄마만은 내 편일 거라고 생각한 믿음이 깨진 거야. 그날부터 엄마가 주는 음식을 먹을 수가 없었대. 지수는 음식을 거부하는 방식으로 자신의 결백을 증명하고 싶었던 거야.

2주 후, 반 친구들의 자발적인 수사에 의해서 진범은 A라는 게 아이들 사이에서 밝혀졌어. 며칠 후 학원에 끼고 나타난 걸 본 아이가 있었고, 아이들은 처음부터 지수를 믿었고, 반지 주인도 A를 의심했기에 아이들 사이에서 지수는 누명을 벗었지. 반지 주인이 더 이상 범인을 찾는 일로 학교가 시끄럽지 않기를 바라고, 반지 찾는 일을 포기하겠다고 선포하면서 사건은 일단락되었지만 사건이 일어나기 전으로 지수의 마음은 되돌릴 수가 없었어.

지수는 분노하기-원망하기-자책하기의 과정을 수없이 반복했어. 수면제 없이는 한 시간도 잠들지 못했고, 생활은 피폐해졌어. 엄마 손에 이끌려서 상담실에 지수가 찾아왔을 때, 지수는 나와 눈도 맞추기 싫어했어. 지수가 말문을 열고 실컷 울며 자신의 억울함을 토해낼 때까지 한 달이 넘는 시간이 걸렸어.

지수 세상에 나를 무조건 믿어주는 한 사람이 없다는 거, 어떤 기분인지 알아요? 엄마도 나를 안 믿는다는 걸 느꼈을 때 기분이 얼마나 더러운지 선생님이 알아요?

나 그래. 내가 지수라면 학교도 못 다녔을 것 같아. 억울해서 못 견뎠을 거야. 그런데 지수는 너무 잘 버텨온 거야. 다른 아이들이라면 오늘 여기까지 견디면서 오기 힘들었을 거야. 하지만 먹지 않는 건, 네 자신을 너무 학대하는 거야. 억울하고 속상한 나 자신을 나 스스로도 위로해줘야지. 스스로 나를 학대하는 건, 나에 대한 예의가 아니야. 나에게 상처를 준 사람들은 잘 지내고 있는데, 가장 상처받은 피해자인 나는 여전히 고통 속에 있다면…… 그건 너무 마음 아픈 일이잖니? 우리 지금은 너무 상처받고 힘든 나를 위로하는 데 마음을 쓰자.

지수 복수하고 싶은 마음 때문에 너무 괴로워요…… 저는 숨을 쉬기도 어려워요…… 시간을 돌릴 수도 없는데…… 저는 이렇게 힘든데…… 저에게 상처를 준 그 아이는 씩씩하게 잘 살고 있는데…… 제가 너무 병신 같아서…….

나는 우는 지수를 안아주고, 지수의 이야기를 기다리고, 들어주고, 손 잡아주는 역할만 했어. 누군가 마음의 문을 열고 진심으로 그의 이야기를 들어줄 때, 비로소 나의 속마음을 털어놓게 되니까.

상담하다 보면 상대에 대한 배신감과 그로 인한 자괴감, 복수하고 싶은 마음, 치밀어 오르는 분노 때문에 심장통이 느껴질 정도로 마음이 아프다는 사람들을 많이 만나. 분노하는 마음을 그대로 방치하면 어떻게 될까? 육체의 질병으로 옮겨가기 쉬워. 마음의 상처로 인한 스트레스가 폐렴의 원인이 된다는 연구 결과도 있어.

'분노 표현 테스트'라는 게 있어. 참가자들에게 '자신에게 상처를 준 사람들의 얼굴을 떠올려보라'고 주문해. 참가자들은 곧바로 심장박동 증가, 혈압 상승, 근육 경직 등 다양한 신체적 반응을 보였어. 타인으로 인해 받은 상처, 그로 인한 분노를 해소하지 않은 채 내 몸에 저장해두면 심장질환을 비롯한 육체적 질병으로 표출된단다.

"분노하며 원한을 품는 것은 내가 독을 마시고, 상대가 죽기를 바라는 것과 같다."

미국 작가 말라키 맥코트가 한 말이야. 정말 멋지지 않니? 나에게 상처를 준 사람들은 잘 살고 있는데, 나는 스스로 독약을 원샷하고, 상대가 망하거나 죽기를 바라고 있는 것, 그게 바로 분노하기야.

과거의 지옥에 갇혀서 나에게 상처를 준 사람의 불행을 바라며 내 시간과 감정을 쏟아 붓는 건, 복수가 아니라 나를 죽이는 거야.

분노는 우리를 과거의 덫에 갇히게 해. 해결할 수 없는 상대에 대한 분노는 자신에 대한 분노로 옮겨와서 자존감을 파괴하고 현재에 대한 판단력을 마비시키지. 대인관계 공포증도 생겨. 걱정과 두려움 때문에 미래의 문은 열 수조차 없어. 그렇다면 분노는 무조건 참아야 할까?

분노를 참는 건 고통을 더 증폭시켜. 깨어 있을 땐 호흡 곤란, 혈압 상승, 심장박동 수 증가, 육체적 고통을 일으키고, 겨우 잠들면 렘수면 상태에서 악몽에 시달리느라 근육도 쉬지 못해서 근육통이 생기지. 분노를 표출하지 못하고 우울이 심해지면 자아 기능이 급격히 낮아져서 실수를 연발하고, 크고 작은 사고를 일으켜. 집중력, 판단 능력, 감정 조절 능력, 미래 예측 능력도 급격히 떨어지고.

상대에게 큰 상처를 받았다면, 내 마음속에 일어나는 고통과 분노의 감정을 거부하지 말고 당연히 일어나는 감정이라고 인정하는 것부터 시작해야 해. 분노는 무의식에서 일어나는 감정이란다. 억누른다고 사라지는 게 아니니까. 어떤 경우에도 자기 비난은 금물이야. 분노를 없애려는 무모한 노력을 포기하고, 그 분노를 자연스런 감정으로 받아들이는 것부터 시작하자.

분 노 를   행 동 으 로
옮 기 고   싶 을   때   보 세 요

나   분노를 '행동'으로 옮긴다면? 이미 다친 나를 보호하는 데
    도움이 될까?

지수   안 되겠죠. 하지만 1:1 방식이 아니고는 억울한 마음이 사
     라지지 않을 것 같으니까. 실행은 못해도 매일 상상을 하
     게 되는 거죠.

나   분노가 행동이 되는 순간, 예측 불가능한 위험이 내 인생
    에 더 큰 상처를 낼지도 몰라. 분노는 상대를 죽이는 게
    아니라, 나를 죽이는 거니까. 나를 고통에 빠트린 상대로
    인해서 나는 더 많은 것, 아니 내 전부를 잃을 수도 있다
    면, 그건 너무 억울하잖아? 상대가 오늘을 살며 미래의 문
    을 열고 있을 때, 나는 과거의 방에 갇혀서 산다면 얼마나

억울해?

지수 잊고 있다가도 기억이 떠오르면 온몸이 부들부들 떨려요. 복수하고 싶지만 방법도 모르겠고, 사실 실행할 용기도 없어요. 그래서 제 몸에게 대신 복수하고 있는 것 같아요.

나 분노의 감정을 거부하지 말고 당연히 일어나는 감정이라고 인정하자. 무의식에서 일어나는 '분노'의 감정을 가만히 바라보는 거야. '무의식'의 감정을, '의식'의 영역으로 가만히 끌어와서 침착하게 대화를 한번 해보는 거지.

지수 어떻게 하는 건데요?

나 우선 종이에 적어볼까? 나의 솔직한 감정을 객관적으로 바라볼 수 있게 된단다. 글씨로 적힌 내 감정을, 제3자의 눈으로 바라볼 수 있게 되는 것이지. 한번 써볼까?

나는 왜 분노하는가?

나를 믿어주지 않은 사람들 때문에. 나에게 누명을 씌운 그 × 때문에. 그 당시에 더 적극적으로 화내지 못하고 울기만 했던 바보 같은 나 자신 때문에.

나는 그에게 어떻게 하고 싶은가? 복수하고 싶은가? 복수하고 싶다면 구체적으로 어떻게 하고 싶은가?

엄마: 이제 엄마가 해주는 밥 먹기 싫다. 엄마와 대화하는 것도

싫다.

담임: 복수하고 싶지만 방법이 없다. 욕해주고 싶다.

×: 똑같은 방법으로 당하게 해주고 싶다. 함정에 빠트리고 싶
다. 전교에 개망신을 주고 싶다.

그것을 행동으로 옮겼을 때, 어떤 결과가 발생할까?

엄마: 엄마 음식 거부하고 안 먹기……. 살이 너무 빠져서 이제
는 내가 봐도 정말 보기 싫을 정도로 말랐다.

담임: 욕을 어떻게 해. 나만 처벌받겠지.

×: 실행으로 옮길 방법 없음. 나의 상상일 뿐……. 함정에 빠
트린다 해도 내가 범인으로 밝혀지겠지.

그 결과로 인해 내가 얻는 것은 무엇인가?

없겠지…….

그 결과로 인해 내가 잃는 것은 무엇인가?

건강, 친구, 평범한 삶…… 돌아가고 싶은 평범한 삶…….

나   지수가 정말 원하는 건 복수가 아니라, 예전의 평범한 삶
으로 돌아가고 싶은 거구나…… 이렇게 말해줘서 고마워.
스스로 내 솔직한 마음을 이 정도까지 표현했다는 건, 지

수에게 지금 상황을 극복할 마음의 힘이 많이 생겼다는 거야. 지수야, 예전의 평범한 삶으로 돌아갈 수 있어. 이제는 착하고 여린 지수 마음이 더 이상 상처받지 않고 다시 웃을 수 있는 방법들을 같이 찾아낼 수 있을 것 같아.

내 감정을 객관화해서 바라볼 때 스스로 답을 찾을 수 있는 경우가 많아. 분노하는 마음을 행동으로 옮겼을 때 내가 얻는 것보다 잃는 것이 훨씬 많은 경우가 대부분이지. 그걸 깨달으면 분노를 행동으로 옮기는 것을 멈출 수 있고 분노의 감정도 서서히 잠재울 수 있어. 나의 '의식'이 '무의식'의 감정을 조절할 수 있게 되는 거지. 예전의 관계로 돌아가고 싶은 사람, 한 사람만 말해볼까?

지수   ······ 엄마요.

나   그럼, 다음 두 가지 질문에 스스로 답해볼래?

그는 나에게 왜 그런 행동을 했을까?

엄마도 담임 말을 듣고 놀랐겠지. 나보다 더 벌벌 떨었으니까. 담임도 겁이 났겠지. 그래서 솔직하게 말해보라고 계속 추궁했겠지.

그는 나에게 어떤 감정일까?

자식이 나 하나인데 괴롭겠지. 엄마가 매일 사과해도 내가 안 받아줬지……. 나에게 미안하겠지. 괴롭겠지.

나   처음 상대로 인해 상처받고 분노가 극에 달해 있을 때는 상대에 대해 생각하기도 싫고, 생각하면 더 분노가 치밀어 오르지. 하지만 어느 정도 내 감정을 다스릴 수 있게 되었을 때 상대의 입장에서 생각해보면, 그 사람도 '그럴 만한 이유'가 있지는 않았을까 생각할 수 있게 돼. 지수는 이미 엄마를 많이 이해하고 있네. 이렇게 속이 깊으니 상처도 얼마나 깊었을까…….

복 수 하 고   싶 을   때   보 세 요

> 저는 고등학교 입학하기 전에 쌍수(쌍꺼풀 수술)를 했어요. 몸
> 무게도 70kg에서 51kg으로 줄였어요. 중딩 때 친구들이 저
> 를 못 알아볼 정도로 달라졌어요. 여중 다닐 땐 외모에 신경
> 을 안 써서 그렇게 지냈는데, 고등학교는 남녀공학이거든요.
> 신경을 많이 쓰게 되고, 외모에 자신감이 생기니까 제 성격
> 도 좀 밝아지고요. 제 절친이랑 같은 고등학교, 같은 동아리
> 에 들어갔어요. 그런데 제 친구가 관심 있어 하던 남자 선배
> 가 저한테 엄청 잘해줬어요. 그때부터 제 친구가 저한테 화풀
> 이를 하기 시작했어요. 자꾸 저 중딩 때 뚱뚱하고 못생겼을
> 때 사진을 동아리 단톡방에 올리는 거예요. 사람들은 웃고 난

리 났죠. 제가 화내니까 오늘은 지가 예쁘게 나오고 저는 완전 돼지로 나온, 둘이 같이 찍은 사진을 자기 카톡과 페이스북 프로필 사진으로 올린 거예요. 이거 미친 거 아닌가요? 복수를 어떻게 해야 하죠? 저한테도 제 친구 굴욕 사진 많은데, 똑같이 복수하고 싶지만, 너무 유치해서 ㅠㅠ. 그런데 정말 열받네요. (18세, 정은이)

정은이 정말 속상하겠다. 정말 복수하고 싶겠구나. 그런데 미안, 잠시만 웃을게. ㅎㅎ. 그런데 정은이도 말했지만 그렇게 하면 정말 유치한 싸움이 되겠지? 둘은 마음 상하고, 동아리 사람들에게 두 사람 이미지는 어떻게 될까? 정은이가 어떻게 대처하는 게 친구를 부끄럽게 만들고 동아리 사람들에게는 정은이가 더 멋진 아이로 기억될 수 있을까?

그 친구의 입장에서 한번 생각해보고 우리 행동하자! 그래도 늦지 않아. 다음 세 가지 질문에 한번 답해볼래?

그는 나에게 왜 그런 행동을 했을까?

질투 나서요.

그는 나에게 어떤 감정일까?

음…… 질투 나고 속상할 거 같아요. 저 쌍수 할 때 친구도 하고 싶어 했는데, 걔 부모님이 허락을 안 해줘서 못했어요. 우리 둘 다 뚱뚱해서 같이 살 빼려고 운동했는데, 저는 성공하고 친구는 여전히 뚱뚱해요. 그리고…… 자기가 좋아하는 선배가 저를 좋아하니까 그것도 질투 나고, 속상할 거 같아요. 제 친구가 선배를 1년 동안 짝사랑 했거든요. 좀…… 화날 것 같네요.

내가 하고 싶은 대로 복수를 실행에 옮긴다면, 내가 얻는 건 무엇일까?

둘 다 웃음거리만 되겠죠. 저는 지금 살 빼고 좀 예뻐졌으니까, 선배들도 "니가 참아라. 쟤가 너 질투 나서 그래." 이렇게 얘기해주는데, 친구는 지금도 뚱뚱하잖아요. 제가 친구 굴욕사진 올리는 건, 그 친구에게 정말 굴욕적이긴 할 거예요. 사람들이 보기에도 둘 다 똑같은 수준으로 보이겠죠. 니네 개그 대결 하냐? 그럴 거 같아요.

정말 내가 원하는 건 무엇인가?

친구한테 사과 받고 싶어요. 이건 장난을 넘어서 예의 없는 거잖아요. 솔직하게 질투 나고 속상해서 그랬다고 말해주면, 저도 친구한테 더 잘해줄 것 같아요. 저는 그 친구랑 잘 지내고 싶어요.

솔직한 내 마음을, 진심을 담아서 친구에게 말해보는 용기를 내자. 그래도 친구가 변하지 않는다면 관계를 끊든 현명한 복수를 하든 그때 해도 늦지 않아. 그 친구 입장에선 정은이가 얼마나 부럽고 질투가 나겠니? 속상해서 그러는 거야. 너가 싫거나 미운 게 아니고. 정은이의 속상한 마음과 정은이가 진심으로 원하는 것을 친절하게 친구에게 말하고 다가가면, 그 친구도 마음의 문을 열 거야. 그리고 유치한 장난을 멈추게 되지 않을까? 같이 유치한 싸움을 하며 많은 사람들에게 웃음거리가 되는 것보단, 그게 나을 것 같아. 사람들이 보기에도 정은이 이미지가 훨씬 좋아질걸? 외모도 예쁜 애가 성격도 정말 좋네! 이러지 않을까? 그 선배도 정은이에게 더 반할 거 같지 않니?

화 나 고 짜 증 날 때 보 세 요

가끔은 혼자가 편하지?

어울려서 함께 지내는 게 좋지만, 관계에 문제가 생기면 방 안에 혼자 있는 게 오히려 편하기도 해. 내 감정을 표현하고 소통하는 방법을 배우면 관계도 편해진단다. 감정이 통해야 말이 통해. 참지 말고 내 감정을 표현해! 내 욕구를 표현해도 되고, 화를 내도 돼. 슬기롭게 무례하지 않게 표현하는 방법을 배우면 돼.

매일 보고 살아야 하는 사람 중, 툭하면 화내고 짜증 내고 무례한 사람이 있니? 어딜 가나 그런 사람이 있거든. 나한테만 그러는 게 아니니까 열 받지 마. 내가 그런 사람인지도 모르고. 그런 기질을 가진 사람 곁에 있는 이들은 너무 힘들어. 어쩔 수 없이 같은 공간에서 계속 봐야 하는 사이라면 마음을 단련하는 연습을 하면 돼.

— 상대는 변하지 않아요

상대를 변화시키려 하지 마! 나만 더 상처받아. 내 감정을 훈련하는 게 우선이야. 그러면 상처 덜 받고, 얼굴 보며 살 수 있어. 내 감정을 존중하고 파악하는 사람이 타인의 감정도 읽을 줄 알기에 상처받지 않고 소통할 수 있어. 내가 내 감정을 존중하고 잘 사용할 때 타인도 나를 존중한단다.

— 슬기롭게 화내는 법이 있어요

매일 보고 살아야 하는 사람 중에 툭하면 화내고 짜증 내는 사람이 있다고? 그 사람이 가족이라면…… 엄마, 아빠가 욱하고 화내고, 심지어 때리기도 한다고? 그럼 정말 견디기 힘들지. 엄마, 아빠가 하루아침에 변해서 나에게 친절하게 잘 대해줄 확률은 아주 낮아. 매번 상처받고 좌절한다면 불행한 시간만 보내게 돼. '우리 부모님은 왜 안 변할까? 나는 왜 이런 집안에서 태어났을까? 괴로워하면 나만 더 상처받아. **내 감정을 훈련하는 게 우선이야.** 내 마음 근육이 튼튼해지면 부모님께도 부드럽게 말할 수 있어. 자, 지금부터 함께 연습해보자. 효과가 있다면 부모님께도 함께해보자고 해!

— '욱'하고 화내는 사람, 도대체 왜 그러는 걸까요

화를 왜 내는 걸까? 자존감이 낮아서 화를 잘 내는 거란다. 아무도 무시하지 않았는데 별것 아닌 일에도 무시당했다고 느끼고, 화를 내는 경우도 많아.

자주 불같이 화내는 사람은 사실, 속으로 엉엉 울고 있는 거야. '나의 가치를 지키고 싶은 마음', '나의 가치를 사랑하는 마음'인 '자기애'가 상처 입었을 때 '수치심'과 '분노'라는 감정이 우는 거야. 상대에게 화를 내고 있지만 실제로는 내 속의 '자기애'가 울고 있는 거란다. 상대로 인해서 '나의 가치'가 자극을 받고 상처 입어서 '자기애'를 지키려고 안간힘을 쓰는 거야.

화를 자주 내는 사람이 있고 좀처럼 화를 잘 내지 않는 사람이 있지? 남의 평가를 떠나서 자존감이 강한 사람은 좀처럼 화를 내지 않아. 자존감이 강하면 남의 말 따위에 쉽게 '자기애'가 상처 입지 않아. 그리고 같이 언성 높이지 않고, 상대가 화내는 말을 들어줘. 들어봐야 '이 인간이 나한테 왜 이러는지' 정보를 얻는 데 유리하잖아.

같이 화내고 싸우면 그 정보를 수집할 시간이 없어. 슬기롭게 대처하기 위해서 거울 반사하지 않고 들어주면서 정보 수집-전략-전술을 짜는 거야. 슬기로운 복수를 해야지. 이런 사람이 '심리적 고수'야.

자기애에 상처를 입었다고 해서 누구나 화를 내는 건 아니야. '욱'하지만 '쿨'하다는 사람들은 모두 자기감정을 컨트롤하지 못하고 남에게 다 들켜버리는 '심리적 하수'야.

─ 화 잘 내는 사람들의 특징이 있어요

▶ **실제보다 자신을 과대평가하는 사람들이 화를 잘 낸단다**

별것 아닌 일에도, 남들이 자기를 무시한다고 생각해서 '욱'하고 화를 내는 거야.

"지금, 나 무시하는 거지? 넌 뭐가 잘났냐?"

내가 생각하는 나의 가치만큼 상대에게 인정받지 못해서 속상한 거야.

▶ **자신의 콤플렉스, 과거의 상처에 자극받았을 때 방어기제가 발동한 거야**

오늘 여기, 우리 사이에 일어난 일로 인해서 본인의 콤플렉스가 자극을 받아서 또는 과거의 상처가 떠올라서 과하게 반응하며 화를 내게 되었다고 하자. 좀 더 상황을 객관적으로 바라보고, '내가 왜 화가 나지? 지금 내가 이 정도로 화를 내는 게 마땅한가? 내 콤플렉스를 들켜서 그걸 덮으려고 과하게 화내는 거 아닌가?' 자신에게 물을 수 있다면 이성적인 반응을 보인다고 할 수는 있지만 감정 조절에는 실패한 거야.

과거의 상처에 자극을 받은 경우라면 참 아프겠지만, 그래도 지금 내 앞에 있는 사람에게 내 과거의 상처까지 헤아리라고 요구할 수는 없잖아? 그리고 상대는 내 과거의 상처를 모르는데…… 내 상처에 고춧가루를 뿌렸다는 걸 몰라. 그러니까 화내는 사람만 성질 더러운 사람이 되는 거야.

▶ 상대에게 지나치게 큰 기대를 하는 경우야

혼자 큰 기대를 하고 상대에게 잘해주다가 상대에게서 기대한 만큼 보상을 받지 못했을 때 '자기애'에 상처를 입고 수치심과 분노 감정이 가득 찬 눈물을 흘리는 거야. '화'라는 형식을 빌려서.

▶ 스스로 해결하지 못하는 짜증을 남한테 해소하는 사람이 가장 저질이야

상대를 내 감정의 쓰레기통으로 삼는 이기적인 사람이야. 가까운 사이일수록, 나보다 약한 사람, 착한 사람에게 이런 방식을 많이 쓰더라고. 부모가 자식에게, 형이 동생에게, 교사가 학생에게, 아내가 남편에게, 직장 상사가 부하 직원에게. 하지만 이게 가장 저질이고 비겁한 거야. 가장 비열한 갑질을 하는 거지. 우리 가까울수록 그러지 말자.

▶ 나의 간절한 요구를 알아달라는 호소를 이렇게밖에 표현 못 하는 거야. 가장 불쌍한 사람!

상대에게 관심받고 싶고 인정받고 싶고 존중받고 싶은데 그게 안 되니까, 별것도 아닌 일에 꼬투리를 잡아서 버럭 화를 내는 거야. 솔직하고 세련되게 상대에게 내 감정을 전달하는 방법을 모르는 '심리적 하수'들이 이런 실수를 해.

— '무시하기'가 답이에요

'욱'하고 화내는 사람에게 가장 좋은 대응 방법은 '무시하기'야. 무시하는 건 쉽지 않아. 내가 그 사람보다 나이나 권력이 낮을 수는 있지만 심리적으로는 더 강해야 가능해. 그리고 너무 억울할 때는 지금 이 순간 말로 복수를 해주어야만 할 것 같고, 참으면 바보 되는 기분이 들지.

하지만 상대는 미리 나에게 모욕을 주기 위해서 전략과 전술을 짜고 독이 든 말의 병기를 가지고 나를 찔렀을 수도 있는데, 갑자기 당한 내가 '촌철살인'으로 그를 제압하는 건 쉬운 일이 아니야. 감정이 상하면 이성적 대응이 세련될 수 없어. 그러니까 시간을 끌어. 바로 대응하면 몇 시간 지나고 나면 90% 후회해. '그 말 하지 말 걸…… 그때 이 말로 맞받아쳤어야 하는데……' 후회와 자괴감만 깊어지거든.

가장 좋은 방법은 '무시하기!' 평소에 연습이 필요해.

'나는 당신 같은 심리적 하수랑 말싸움 하긴 싫어. 그래서 참는 거야!'

이런 마음을 담은 표정을 지을 수 있다면 더 좋아. 표정은 '독한 말'처럼 증거를 남기지 않지만, '독한 말'보다 더 단호하게 감정을 표현할 수 있어.

▬ 잘 지내기 힘든 사람과도 잘 지내는 방법이 있어요

물론 내가 잘못한 게 있고, 그에 합당하게 상대가 화를 내고 있는 경우라면 받아줘.

상대가 이유 있는 비난을 한다면 나를 돌아보는 계기가 될 수 있겠지만, 상대가 나에게 이유 없이 화를 낼 때는 참기만 하면 안 돼. 계속 말하고 얼굴 보고 소통하며 함께 일해야 하는 경우라면. 이 사람이 나에게 왜 화를 내는지, 내가 어떻게 대응해야 할지, '정보수집 – 전략 – 전술'을 짜야 해.

▶ 당황해서 변명하지 말고 우선 들어줘. 상대가 듣기만 하면 미친 말처럼 오래 날뛰진 못해. '당하는' 시간이 아니라 정보를 수집하는 유용한 시간이야

상대가 버럭 화를 내면 당황해서 나도 모르게 변명을 하게 돼.

내 잘못이 아닌데도 말이야. 그리고 나중에 후회하지. 우선 무조건 참고 들어줘. 들을수록 그가 화내는 이유를, 그가 나에게 왜 화가 났는지를, 그의 요구사항이 무엇인지 정보 수집이 가능해. 나는 참고 듣기만 하는데 상대는 혼자 화내면서 말하다가 자신의 빈약한 논리를 스스로 깨닫고 민망해지는 경우도 있어. 내가 지금 화를 내는 건 상대에게 100% 문제가 있기보다 자신의 내면에 있는 문제를 상대가 자극한 10%의 이유에 덤터기를 씌우는 경우가 다반사기 때문이야. 그러면 내가 심리전에서 이긴 거야.

▶ 화가 난 이유를 듣고 난 후, 상대의 감정 서술어를 따라 해봐

"아, 그래서 화났구나", "그랬구나, 내가 그 말을 해서 짜증이 난 거구나!"

상대의 감정에 공감해주는 것부터 시작해야 동물의 뇌가 시키는 대로 화를 내고 있는 상대를 제압할 수 있어. 자신의 감정에 공감을 해주면 우선 상대는 화내기를 멈출 가능성이 크단다. 공감받았기 때문에 안도하는 거지. 이런 사람들일수록 조금만 귀기울여 들어주고 공감해주면 오히려 내 편을 만들기가 쉬워.

▶ 곱씹으며 괴로워하지 말고 용기 내서 내 감정을 말해봐

"화가 난 심정은 이해돼. 그런데 이렇게 표현하면 내 마음이 어

떨 것 같아?"

상대에게 자기감정만 생각할 게 아니라 '내 감정'도 유추해보라고 되묻는 거야. 성질 더러운 사람일수록 더 화를 낼 수도 있어.

"내가 왜 네 감정까지 생각해야 하는데?"

그래도 속으로는 생각하게 되고 긴장하게 돼. 우선 이렇게 말을 던져보는 건 중요해.

"표현을 이렇게 하면 앞으로 서로 얼굴 보기 불편하지 않을까?"

진짜 성질 더러운 사람은 이때도 화를 낼 거야.

"뭐가 불편한데?"

생각을 말하지 말고 소망을 단호한 표정으로 말해.

"나를 좀 존중해주면 좋겠어. 나는 충분히 들을 준비가 돼 있어. 화 안 내고 말해도 나는 잘 알아들을 수 있어."

이렇게 말해도 도통 말이 안 통하는 사람이라면 정말 상대할 가치가 없는 '심리적 하수', '꼴통'이야.

걸핏하면 화내는 사람, 들어주고 공감해줬더니 나를 더 만만하게 보고 자기의 감정 쓰레기통으로 쓰려고 하는 사람이라면?

마음속으로 그 사람과 관계를 끊어. 그냥 형식적으로만 얼굴 보며 지내면 돼. 더 이상 잘 지내려는 노력을 하지 말자는 거야.

그 사람이 학교 선생님이라고? 그 학교 계속 다녀야 하는데, 매일 당하니까 미치겠다고? 기억해둬. 그런 걸 다 참고 견디는 게 성인으로 가는 관문 중에 하나야! 소설가 김애란 씨가 이런 말을 한 적이 있어.

"어른이 별건가? 나 싫어하는 사람하고도 잘 지내는 게 어른이 지."

그래, 어른은 그런 거야. 어른이 되는 연습이니까.

내 감정의 주인이 될 수 있어요

━ 감정 조율 연습을 해요

> 저는 한 번 화가 나면 돌아버리겠어요. 제 감정을 제가 컨트롤할 수 없어서 교실 문을 부순 적도 있어요. 왜 그랬냐면요, 우리 반에 정말 재수 없지만 공부만 잘하는 놈이 하나 있는데요, 제 짝이 됐어요. 제가 국어교과서를 집에 두고 와서 같이 좀 보자고 했는데, 이 자식이 싫다는 거예요. 필기하기 불편하다고. 그래서 빡쳐버렸어요. 절 무시하는 거잖아요? 그 자식을 한 대 때려주고 싶었는데, 그럼 학폭위 열리고 일이 복잡해지니까, 쉬는 시간에 교실 문을 때려 부쉈죠. 그 자식이 저를 화나게 한 거잖아요? 원인 제공한 거 맞잖아요?

그런데 저만 고생 엄청 했어요. 엄마가 학교 불려가고, 담임
한테 혼나고 부모님한테 혼나고…… 머리 터지는 줄 알았어
요. 그런데 이런 욱하는 성질, 저도 좀 고치고 싶어요. 욱하는
순간에 저지른 일 때문에 뒤에 고생을 더 많이 하니까요. 욱
하고 화날 때 감정 조절하는 방법 없나요? (18세, 찬석이)

찬석이 속상했겠네. 열 받을 만했네. 나라도 정말 화났겠다. 그
런데 교실 문 때려 부순 건, 뒤처리하느라 부모님도 찬석이도 고생
많이 했겠다. ㅎㅎㅎ.

"너 자꾸 나 화나게 할래?"

"너 때문에 나 뚜껑 열렸거든?"

주변에 이렇게 말하는 애들 많지? 늘 너 때문에 내가 열 받았다
고 더 성질내는 애들 말이야.

내 감정의 주인은 나야. 화가 나고 짜증이 나는 것은 내 속에서
일어나는 나의 감정이니까 '너 때문에'가 아니라, '나, 지금 화가
나' 또는 '나, 지금 짜증 나'가 옳은 표현이야.

화를 잘 내고 짜증 잘 내는 사람들을 가만히 살펴보렴. 감정 조
율에 실패한 것을 항상 남 탓으로 돌리지. "너 때문에 화가 나 못
참겠다"며 계속 화를 내잖아? 물론 상대가 나에게 자극을 주어서
부정적인 감정이 일어났을 수도 있어. 하지만 그 감정을 금방 털어
버리는 사람이 있는가 하면, 자극에 비해 과장되게 반응하며 싸움

을 일으키고 폭력을 행사하는 사람도 많아.

앞에서 청소년들의 뇌는 공사중이라고 했잖아? 누구나 감정 조절이 어려워. 하지만 내 감정의 주인이 되면, 조절하는 능력이 생긴단다. 청소년기에 감정 조절 연습을 하지 않으면, 뇌가 그 능력을 키우지 못한 채 어른이 되어버려. 욱하고 화 잘 내는 어른이 되어버리는 거지. 그런 어른은 정말 별로지 않니?

며칠 전, 내가 당한 일이야.

난 아이스크림을 아주 좋아해. 힘들게 일한 날은 퇴근길에 나에게 상으로 아이스크림을 사주지. 그날도 퇴근길에 초콜릿이 가득 박힌 아이스크림콘을 사서 뚜껑을 연 다음, 혀로 한번 스윽 핥으며 미감으로 행복을 만끽하는 순간!

앞에서 뛰어오던 아저씨가 아이스크림을 든 내 팔을 쳐서 얼굴과 안경이 초코 아이스크림으로 범벅이 되어버렸지 뭐야…… 얼굴을 타고 흘러내린 아이스크림이 새로 산 흰색 재킷에 뚝뚝 떨어지고…… 나는 그날 저녁에 10년 만에 친구를 만나기로 약속이 돼 있었어. 그 꼴로 어떻게 친구를 만날지 앞이 캄캄했어.

순식간에 일어난 일이라 소리도 한 번 못 질러보고 '얼음 땡' 자세로 서 있었지. 그 개저씨는 자기가 무슨 일을 저질렀는지도 모른 채 전력 질주로 달려서 막 떠나려는 전철에 올라타고 사라지는 걸, 나는 그 흉하고 처참한 몰골로 지켜볼 수밖에 없었어.

화가 치밀어 오르지. 정말 욕이 나올 뻔했어.

"아저씨! 이게 뭐예요! 이봐요! 야!!"

소리를 막 지르고 싶었어. 하지만 소리 지른다고 달라질 건? 없지. 이미 벌어진 일!

그 순간에도 내 감정을 어떻게 다스릴지는 철저히 내 선택의 문제란다.

심리적 하수는 화를 참지 못하고 욕을 하거나 소리를 지르거나, 쫓아가서 닫힌 전철 문을 두드릴지도 몰라. 심리적 고수는 이럴 때 이렇게 말하기도 해.

"와, 최근 만난 미친놈 중에 갑이다!"

"오늘 액땜은 이거구나! 넘어져서 안 다치고 아이스크림 마사지로 끝난 게 다행!"

이렇게 생각을 전환하는 건, 그 미친놈을 위해서 은혜를 베풀라는 게 아니야. 그 미친놈으로 인해서 내 감정이 흙탕물이 되지 않도록, 내 감정을 선택하는 거지.

같은 상황에서도 자신의 감정을 다스리고 조율하는 능력은 사람에 따라 달라. '상황'이 주는 자극은 같더라도, 내 안에 일어나는 감정을 조율하는 것은 '나의 능력'이란다. 이 상황에서 화를 내고 분노한다고 해서 상황이 달라질까?

이미 상황은 과거형으로 종료됐는데 화를 내고, 싸우고, 온종일 그 부정적인 감정에 빠져서 나를 밀치고 사라진 '개저씨'를 욕하며 하루를 보낸다면, 나의 현재와 오늘 남은 시간까지 망치고 말아. 나와 대화하고 얼굴을 마주치는 사람에게까지 내 감정을 전염시킬 수도 있지. 나보다 약하거나 착한 사람을 골라서 '감정의 쓰레기통'으로 쓰는 저질의 방법을 쓸지도 모르고.

화가 나고 짜증 날 때마다 마음껏 표출해서 주변 사람들을 힘들게 해놓고, 자기감정이 해소되면 아무 일도 없었던 듯이 상대를 대하는 사람들이 하는 말이 있어.

"나는 '욱'하지만 '쿨'하다."

그건 성격 더러운 사람들의 자기변명일 뿐이야. 화를 말과 행동으로 다 분출하는 사람은 관계에서 무조건 지게 돼 있어. 평판도 당연히 나빠지니까, 화내는 데 걸린 시간보다 회복하는 데 수백 배의 시간이 필요할지도 몰라. 그런데 거의 회복하기 힘들어. '성질 더러운 사람'이라고 한 번 낙인찍히면 관계에도 흉터가 남으니까.

— 내 감정과 대화하는 방법을 알려줄게요

▶ 6초 호흡법

자, 지금 우리 같이 해볼래? 이거 정말 응급 처방이야. 효과가 정말 커.

눈을 감고 어깨를 쭉 편 뒤 3초 동안 깊게 숨을 들이마신다.

3초 후 내쉴 때는 입으로 '후~' 마음껏 뱉는다. (여유가 된다면 5번을 반복하기)

이렇게 하면 심장과 허파가 조율되면서 놀라울 만큼 마음이 안정된단다. 또한 뇌가 감성과 이성을 조율하면서 화를 가라앉히고 이성적인 사고를 할 수 있게 도와준단다.

"야! 너 나 무시하냐? 한 대 맞아볼래?"

욕하면서 주먹을 날리는 대신, 6초 호흡을 해보는 거야. 6초는 짧은 시간 같지만 뇌가 안정되고 이성적인 사고를 할 수 있도록 유도하는 놀라운 시간이야.

▶ **생각을 멈추고 심장에 집중하기**

6초 호흡을 3~4회 반복하면서 심장에 집중해봐. 화낼 때 우리 심장은 가장 불규칙하게 뛴단다. 몸의 에너지 균형이 다 파괴되지. 그런데 화낼 때보다 더 심장이 불규칙하게 뛸 때는 짜증 낼 때야. 부정적인 생각을 멈추게 하고 몸의 에너지를 전환하는 건 '심장의 힘'이란다.

심장의 능력은 생각의 능력보다 5천 배나 강하다는 거 아니? 우리는 불안하게 뛰는 심장을 안정적인 상태로 돌려놓는 데 집중해야 해. 그럼 어떤 감정을 느낄 때 심장은 가장 안정적인 상태가 될까?

감사한 감정을 느낄 때야. 파괴된 에너지가 다시 회복되는 거지. 나에게 감사한 마음을 불러일으키는 기억, 그런 존재를 떠올리며 오직 심장박동에만 집중하는 시간을 가지자. 나에게 아낌없는 사랑을 주는 사람, 고마운 사람…… 분노가 서서히 가라앉으면서 심장이 평온을 되찾을 수 있을 거야.

찬석아, 너도 떠올리기만 해도 마음이 따뜻해지고 감사한 마음이 드는 한 사람이 있지? 난 우리 아버지란다. 한겨울 밤늦게 학원 끝나고 귀가할 때, 골목에 나와서 나를 기다리던 우리 아버지 모습. 아빠! 하고 뛰어가면 같이 달려와서 안아주고 내 가방을 들어주시던 우리 아버지 모습. 아버지 얼굴을 떠올리면 신기하게도 욱하는 마음을 가라앉히는 데 정말 도움이 되더라.

꼭 기억해 두었다가 정말 화나서 감정 조절이 잘 안 될 때, 그 사람 얼굴을 떠올리면서 6초 동안 큰 호흡을 한 번 해보는 거야!

▶ '내가 화를 낸다고 해서 이 상황이 달라질 수 있는가?' 생각해 보자

심장이 평온을 되찾으면 생각의 영역으로 돌아오는 거야. 화가 나고 짜증이 나는 상황을 잘 살펴보면, 이미 벌어진 일이기 때문에 내 감정을 표출한다고 해서 달라질 게 없는 경우가 대부분이지 않니? 중요한 것은 그 상황을 받아들이는 '내 마음가짐'

이야. 그 상황에 어떤 의미를 부여하느냐에 따라 나의 감정 반응은 달라지니까.

'어라, 이 자식 책 같이 보자는 걸 거절해? 이렇게 이기적인 녀석이 커서 뭐가 될까? 그래. 오늘부터 너를 친구로 생각지 않으마. 자기밖에 모르는 불쌍한 녀석! 너랑 싸우는 게 감정 소비지.'

이렇게 생각을 전환하는 거야. (귓속말 : 사실 생각해보면 책을 가져오지 않은 내 실수가 원인을 제공한 거니까. 그 자식 잘못만은 아니지 않냐? ㅋㅋ)

▶ '그럴 수도 있지!'라고 소리 내보자

나를 화나게 자극한 상황에 관대함을 베푸는 거야. 부정적인 감정을 털어내는 데 의외로 효과가 커. 마음 그릇에 담긴 부정적 감정을 바로 툭 털어버리지 않고, 화와 짜증과 분노를 넘치기 직전까지 담아두면 타인이 건넨 작은 '말의 씨앗' 하나가 빠져도 감정은 넘쳐버리니까.

별것 아닌 농담 한마디를 듣고서도 '욱'해서 불같이 화를 내며 싸우자고 드는 사람들이 대표적 사례야. '농담' 한마디와 '조언' 한마디도 담길 자리가 없어서 자주 화내며 가까운 사람들과 싸우지는 않는지, 내 마음 그릇에 부정적인 감정이 차고 넘칠 지경이 되지 않았는지, 자주 살펴보고 비우는 연습을 해야 해.

▶ 자존감을 키우자

자존감을 키우는 가장 좋은 방법은 작은 목표를 자주 세우고, 자주 성취하는 기쁨을 내게 선물하는 거야. 우리는 욕심만 앞서서 너무 큰 목표를 세우면 이루기도 어렵고, 조금 시도하다가 금방 지쳐버리지. 포기가 빨라지고, 무기력해지기도 쉬워.

시험 평균 10점 올리기. 매일 아침 6시에 기상해서 공부하고 학교 가기. 하루에 줄넘기 100개 이상 하기. 욕 안하기.

어때? 이게 잘 지키고 이룰 수 있는 목표니? 갑자기 이렇게 하기는 쉽지 않겠지?

시험 평균 5점 올리기. 매일 아침 6시 30분에 일어나서 학교 지각하지 않기. 버스 한 정거장 정도는 걸어 다니기. 욕하고 싶을 땐 특이한 식물 이름 말하기. 존넨쉬름!(독일 산 장미이름), 개쉽싸리!(쌍떡잎 식물)

어때? 이 정도는 목표를 이루기가 쉽겠지? 작은 목표는 이루기가 쉽잖아?

작은 목표를 자주 세우고 자주 성취하다 보면, 매일 조금씩 자존감이 내 마음 깊은 곳에서부터 차오르기 시작해. '나는 내 삶의 주인공', '나는 소중한 존재'라고 생각하면, 남의 평가와 남의 말에 별로 화가 나지 않아.

감정 조율은 연습하는 만큼 일상이 행복해진다는 걸 잊지 마.

이렇게 연습하다 보면 공사 중인 나의 뇌는 정말 멋지게 리모델링 되는 거야!

─ 내 감정에 이름을 붙여 봐요

> 저는 요즘 너무 우울해요. 작년부터 엄마, 아빠가 따로 살아요. 저는 엄마랑 살아요. 아빠랑 따로 살게 됐을 때, 제가 정말 울면서 매달렸어요. 나는 다 같이 살고 싶다고. 아빠는 저를 봐서라도 다시 화해하고 같이 살아보자고 하셨는데, 엄마가 끝까지 고집했어요. 그래서 엄마가 너무 미워요.
>
> 그때부터 저는 사람들과 말하는 게 싫어요. 입을 열어도 안 좋은 말이 나오니까요. 특히 엄마랑은 서로 죽일 듯이 싸우죠. 엄마가 저를 신경정신과에 데려갔어요. 우울증 약 처방도 받고, 상담도 받았죠. 그런데 저는 상담 선생님께 한마디도 하고 싶지 않았어요. 아니, 제 감정을 말로 표현하기가 너무 어려워요.
>
> 저는 클 때, 엄마랑 대화를 많이 안 했어요. 엄마는 가족들에게 무뚝뚝해요. 다정한 분이 아니에요. 엄마한테도 제 감정을 털어놓고 대화해본 적이 없는 것 같아요. 지금은 엄마 얼굴만 봐도 분노가 끓어요. 가출하고 싶어요. 엄마 마음이 괴롭게요. 엄마랑 같이 살기도 싫어요. 상담을 받으러 가도 짜증

이 나요. 내 감정을 얘기하기도 싫고, 그냥 그 감정을 생각하기도 싫거든요. 병원이나 상담센터는 가기 싫고, 이 상태에서 벗어나고 싶어요. 감정 조절, 스스로 연습하는 방법은 없나요? (17세, 현지)

현지야, 너의 아픔을 나도 조금은 이해할 수 있을 것 같아. 나도 청소년기 때, 우리 부모님이 밤마다 많이 싸우셨어. 매일 밤 우느라 잠도 못 잤어. 그때 내 마음을 털어놓을 사람은 아무도 없었어. 나도 내 감정을 모르겠더라고. 그냥 회피하고만 싶었어. 그러다가 너무 깊은 우울증을 앓게 되었지.

그런데 현지는 나보다 정서적으로 무척 건강하구나! 스스로 지금 상태에서 벗어나고 싶고, 조율하는 방법을 연습하고 싶다는 생각을 한다는 건, 나를 사랑하는 마음도 강하고 지금보다 더 좋은 상태로 나아가겠다는 의지도 강한 거니까! 지금 현지가 힘든 건 너무 당연해. 하지만 주어진 상황이 갑자기 변하지는 않을 텐데 매일 이 상태로 지내는 건 너무 힘들잖아? 상황이 바뀔 수 없을 때는 내 감정을 선택해야 해. 정서적인 대처를 하는 거지.

우선 나의 감정과 대화하는 방법부터 알아볼까? 상담받기 싫고, 내 마음을 얘기하기 싫을 때는 조용히 나의 감정과 대화하는 시간이 필요해.

내 감정을 나도 모르겠지? 현지처럼 너무 힘들 때는 그냥 화나고 짜증 난다는 정도만 표현할 뿐 내 감정을 구체적으로 표현하기가 어려워. 오히려 내 감정을 외면하고 싶지. 청소년들이 자신의 감정을 구체적으로 표현하는 건 무척 힘든 일이야.

감정을 표현하는 단어들을 자라면서 많이 들어보지 못했고, 본인도 잘 사용하지 않은 경우라면 '걍 짜증 나', '열 받아', '기분 더러워', '다 꺼져버려' 이런 식으로밖에 표현 못할 수도 있어. 그래서 평소에 감정에 관한 단어들을 많이 접하고 소리 내어 읽는 건, 감정 조율 연습을 하는 데 아주 도움이 돼. 내 감정이 어떤지 구체적으로 알면 그 감정을 충분히 느끼고 조율할 수 있어. 좋은 감정이라면 더욱 충분히 느끼고 나쁜 감정이라면 빨리 털어버릴 수 있는 가능성이 생긴단다.

느낌과 감정을 관장하는 뇌는 우뇌야. 그런데 감정을 객관적으로 바라보고 이름을 붙이는 것은 좌뇌가 담당해. 내 감정을 파악하고 이름을 붙이는 것은 우뇌의 감성과 좌뇌의 이성이 만나게 하는 멋진 작업이란다. 좌뇌와 우뇌를 모두 활용해야 우리는 감정을 이성적으로 잘 활용할 수 있어. 감정에 이성적으로 대처할 수 있는 거지.

감정에 이름을 붙이려면 침착하게 내 감정을 충분히 들어주는 사람과 대화를 하면 좋아. 내 감정을 제대로 파악하는 데 도움이 돼. 오늘 학교에서 억울하게 선생님께 혼이 났다고 가정해보자. 얼마나 억울하고 불쾌하고 짜증이 나겠어? 내 말을 다 들어보지도 않고 나를 야단친 선생님이 원망스럽고, 섭섭하기도 할 거야. 집에 들어오자마자, 인사할 기분이 아니어서 엄마를 보고도 인사도 없이 내 방문을 쾅! 닫고 들어가. 그때 엄마가 들어와서 이렇게 말해.

"야, 학교 갔다 왔으면 인사를 해야지? 버릇없이! 방문을 쾅 닫고 난리야!"

어때? 기분은 더 불쾌해지지.

"열 받는 일이 있다고요. 지금 말하기 싫으니까 나가주세요."

"너 열 받는다고 네 멋대로 화내는 성격 고쳐! 너 때문에 주변 사람들은 더 열 받는다고!"

엄마가 친절하게 '무슨 일로 화가 난 거야? 학교에서 속상한 일이 있었어? 물어봐도 돼?' 이렇게 물어봐주면 얼마나 좋을까. 그런 어른이 있다면 자신의 감정을 구체적으로 느끼고 표현하는 데 도움이 되지만, 이렇게 친절한 엄마는 드물어. 엄마도 자랄 때 부모님으로부터 친절한 말을 못 들어봤기 때문일 거야. 마음은 친절하게 물어보고 싶은데, 엄마도 감정 조율하는 연습을 해보지 않았기 때문에 감정 표현에 서툴러서 그러는 거야.

나쁜 감정이 생겨서 자꾸만 안 좋게 감정 표현이 될 것 같을 때는 혼자 조용히 앉아서 내 감정과 대화를 해보자. 내 감정에 이름 붙이기, 좌뇌와 우뇌의 멋진 만남을 시작해볼까?

아래의 표는 한국인들이 주로 쓰는 감정 어휘들을 정리한 거야. 감정 어휘를 많이 알고 있으면 내가 느끼는 감정을 구체적으로 표현하는 데 도움이 되고, 내 감정의 주인이 되어서 지혜롭게 대처할 수 있단다.

이유 없이 짜증이 날 때, 갑자기 우울해질 때…… 주체하기 힘든 부정적 감정들이 밀려올 때 감정 어휘표를 펼치고 내 감정에 이름을 붙여보는 거야! 부정적 감정이 치밀어 오를 땐 이유가 있고 조금씩 쌓인 것이 어떤 자극을 받았을 때 치밀어 오르는 것이니까 내 마음 상태를 알아차려야 대응을 할 수 있어.

한국인이 주로 쓰는 감정 어휘	
놀람	놀라다 / 당황하다 / 경악하다 / 어이없다 / 뜻밖이다
걱정	걱정된다 / 두렵다 / 겁나다 / 불안하다 / 초조하다 / 심란하다 / 막막하다 / 답답하다 / 무섭다 /
후회	후회된다 / 아쉽다 / 허무하다 / 속상하다 / 망설이다 / 미안하다 / 애틋하다
부끄러움	부끄럽다 / 무안하다 / 수치스럽다 / 쑥스럽다 / 창피하다 / 수줍다 / 주눅 들다 / 열등감을 느끼다 / 죄책감을 느끼다 / 민망하다/
슬픔	슬프다 / 가슴 아프다 / 서글프다 / 우울하다 / 그립다 / 상실감 / 서럽다 / 서운하다 / 외롭다 / 불행하다 / 비참하다 / 절망하다 / 참담하다 / 비통하다 / 비참하다
분노	분노하다 / 분하다 / 화나다 / 격노하다 / 미워하다 / 괘씸하다 / 배신감 / 억울하다 / 한이 맺히다 / 자기혐오를 느끼다 / 자괴감이 든다
혐오	혐오스럽다 / 증오하다 / 구역질이 나다 / 기피하고 싶다
싫음	싫다 / 귀찮다 / 짜증 난다 / 지겹다 / 지루하다 / 역겹다 / 거부감 / 난처하다 / 낯 뜨겁다 / 답답하다 / 어색하다 / 서먹하다 / 기분이 처지다 / 불편하다 / 실망스럽다 / 예민하다
경멸	경멸하다 / 무례하다 / 씁쓸하다 / 거부감을 느끼다 / 비판적이다
질투	질투 난다 / 약 오르다 / 샘나다 / 부럽다

(키워드에 '감정 단어'가 있는 논문들을 참고해서 작성)

부정적인 감정일수록 우리는 덮어두고 외면하고 싶어져. 그래서 잠을 자버리기도 하지. 하지만 부정적인 감정은 없어지지 않아. 그건 컵에 담긴 상한 우유야. 버리고 비워야지. 그래야 그 자리에 좋은 감정이 담길 수 있어. 그 순간에 내 감정과 대화를 시작하는 거야.

내 감정을 구체적으로 자각할 때, 왜 이런 가정이 생겼는지 내 마음을 이해할 수 있어. 내가 무엇을 원하는지 '소망'을 알게 되며, '내가 어떻게 행동하는 것이 나를 위한 최선의 선택일까?' 선택할 수 있단다. 감정을 알아야 조절을 할 수 있기에 '알아차리는 것'이 먼저야. 상대방의 감정을 읽고, 갈등을 줄이는 데도 큰 도움이 돼.

"열 받아!"

"그냥 짜증 난다고!"

나도 이런 말을 많이 하고 컸어. 이럴 때, 어른들이 나의 말과 행동보다 감정을 먼저 읽어주면 좋겠지?

"왜 열 받고 짜증이 나?"

이렇게 내 감정을 물어주면 나도 조금은 가라앉히고 대답을 할 수 있을 것 같은데, 화내고 짜증낸다고 혼나기 일쑤지.

이젠 내가 나의 감정과 대화하는 연습을 더 구체적으로 해보자. 자신의 감정을 구체적 단어로 표현할 수 있도록 감정 어휘 표를 펼쳐 놓고 천천히 읽어봐. 내 감정을 표현할 수 있는 단어를 골라봐. 그럼 나의 소망을 알게 되고, 그 후에 좋은 행위를 선택할 수 있게 돼. 다음은 셀프 감정 대화 질문지야. 내 감정과 대화하기, 한번 시도해보렴.

▶ **내 감정에 이름 붙이기**

불안하다. 가슴 아프다. 분노하다. 화나다.

▶ **이 감정이 왜 생겼지?**

엄마, 아빠가 밤마다 싸우실 때부터 생김. 이젠 행복했던 과거로 돌아갈 수 없다는 사실 때문에 가슴이 아픔. 엄마의 잘못이 제일 큼. 엄마한테 화풀이하고 싶음.

▶ **소망 알기 – 내 마음이 원하는 게 뭘까?**

엄마, 아빠가 화해하면 좋겠음. 엄마가 나에게 화내는 게 싫음. 엄마를 괴롭히고 싶음. 며칠이라도 가출하고 싶음.

▶ **행위 선택 – 내가 어떻게 행동하는 게 나를 위해서 좋을까?**

나를 위해서? 나를 위해서…… 가출하면…… 돈도 없고 갈 곳도 없고…… 학교 생활기록부에도 문제 생기고…… 나 때문에 엄마, 아빠는 전화로 싸우겠지. 서로 잘못 키웠다고…… 엄마하고 서로 화내지 않고 진심으로 대화를 해보고 싶다.

3일 후의 만남

나   현지야! 내 감정에 이름 붙이기 해보니까 어때?

현지   처음엔 이게 뭔가, 하기 싫었는데, 혼자 묻고 대답하는 게 가능하더라고요.

나   구체적 감정을 세 개나 찾았네?

현지   그냥 말하라고 할 땐 내 감정을 표현하기 너무 어려웠는데, 감정 어휘표에 있는 많은 감정 단어들 중에서 찾으라고 하니까. 사실 세 개보다 훨씬 많은 단어를 쓰고 싶었어요. 제 감정에 붙일 수 있는 이름이 많더라고요. 저는 제가 계속 화가 나 있다고만 생각했어요. 그런데 '불안하다'가 가장 먼저 눈에 띄더라고요. 그 다음은 '가슴 아프다' 제가 불안하고 가슴 아픈 게 가장 크더라고요. 저 단어들 찾고 나서 혼자 좀 울었어요.

나   아…… 현지가 불안하고 가슴 아팠구나. 그래서 화가 났구나…… 현지가 정말 소망하는 게 뭔지 알겠어?

현지   저는 제가 엄마한테 복수하고 싶고 가출하고 싶은 게 제 소망이라고 생각했는데 종이를 펼쳐 놓고 생각해보니까, '부모님이 화해하면 좋겠다'는 말을 가장 먼저 쓰고 있더라고요.

아, 이게 정말 내가 원하는 거구나…… 알게 됐어요.

나　현지가 작성한 거 보니까 너무 대견하다. 스스로 내 감정에 이름 붙이고, 소망도 찾고, 나를 위해서 어떻게 행동하는 게 좋을지 그것까지 다 내 마음속에서 찾아냈어.

현지　그러게요. 신기하네요. 상담 선생님 앞에서는 솔직한 제 마음이 하나도 나오지 않았는데 혼자 묻고 대답하면서 제 마음이 말을 하고 있다는 걸 느꼈어요.

나　그래서 조금 시원해졌어?

현지　아직 그건 아니고…… 매일 한 번 해보려고요.

나　그래. 감정 대화 일기를 매일 쓰는 건 정말 도움이 돼. 현지의 소망을 이루려면…… 내 생각에는 현지가 쓴 감정 일기를 부모님께 보여드리는 것도 좋을 것 같아. 현지가 왜 가슴이 아픈지, 왜 화가 나는지, 정말 소망하는 게 뭔지……. 부모님도 현지를 사랑하시지만 현지의 아픈 마음을 다 헤아리긴 어렵거든. 현지의 감정 일기를 보시면, 두 분의 마음이 좀 달라질지도 몰라.

현지　그럴까요?

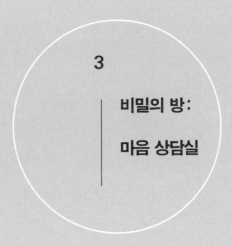

"내 마음 근육은 내가 키운다"

죽고 싶은 마음이 들 때 보세요

> 부모님은 맨날 싸워요. 사랑하지도 않으면서 저를 왜 낳아서 고생시키는 걸까요? 집에 들어가기 싫어요. 학교도 가기 싫고, 사람도 만나기 싫어요. 제가 죽어도 슬퍼할 사람 한 명도 없어요. 남친이랑도 헤어졌어요. 매일 우울하고 부정적인 저랑 사귀기 싫대요. 안 아프게 죽는 방법, 이런 거 검색하는 제가 정말 답답해요. 안 아프게 죽는 법, 없나요? (17세, 은수)

나도 열여섯 살부터 자주 죽음을 생각했어. 오랜 시간 숨기며 살았던 이야기인데…… 대학생 땐, 자살을 시도한 적이 있어. 스무 살에 서울에 와서 혼자 살았단다. 가난했어. 혼자 살면서 외로움,

경제적 어려움, 미래에 대한 두려움, 그로 인한 고통스러운 감정이 증폭되면서 우울한 감정이 내 삶을 지배해버린 거지.

누군가에게 도움을 청해봤자 아무런 도움이 안 된다고 생각했어. 나는 정말 죽는 게 편할 것 같다는 생각을 할 정도로 힘든데, '죽을 힘으로 살아봐라', '의지박약이다' 이런 말을 들으면 더 상처받을 게 뻔하므로 '말을 하지 말자. 소용없다' 이렇게 단정 지었지.

오로지 생각은 과거에 갇혀서 어제처럼 오늘도 힘들고 내일은 더 힘들 거라고 결론짓고 나니 죽는 게 더 편할 것만 같았어. 너무 괴로워서 못 먹는 소주를 한 잔 먹었는데, 갑자기 죽고 싶은 충동이 강해지면서 두려움이 없어지더라고. 그동안 사 모은 수면제와 소주 한 잔을 먹고 이불을 덮고 누웠어. 그리고 나는 죽었지. 그런데 이틀 동안 잠을 잔 거였나봐.

장이 다 타들어가는 고통을 느끼면서 깨어났는데, 내가 공중에 붕 떠 있더라고. 아래를 내려다보니까, 죽은 내가 누워 있었어. 말을 하고 싶은데 말이 안 나와. 속으로 소리쳤어.

"아이고 신이시여, 저 좀 살려주세요. 나 좀 살려줘! 살고 싶어! 나 죽기 싫어요!"

그러다가 잠에서 깨어났지. 얼마나 다행이던지……. 그날 옥탑방 창으로 쏟아지던 아침 햇살을 잊을 수가 없어. 눈을 뜬 게 저승이었다면, 얼마나 후회하며 통곡했을까……. 자살에 실패해서 정말 다행이다…….

자살을 연구한 통계 결과를 보면, 50% 이상이 '충동적 자살'을 한다는 거야. 충동적으로 자살을 한 사람은 저승에서 눈을 뜨면 100% 후회하지 않을까? 과반수가 충동적으로 자살을 하는 거라면 우리는 자살을 예방하고 막을 수 있다는 거지.

의사 친구에게 내 경험을 말했더니 그가 말하길, 농약을 먹고 자살을 시도한 사람들이 응급실에 와서 장이 타들어가며 죽어가는 걸 지켜보는 게 의사로서 너무 고통스럽대. 서서히 죽어가는 그들이 똑같이 하는 말이 있다는 거야.

"살려주세요."

간호사 한 명이 업무 스트레스 때문에 심한 우울증에 시달리다가 충동적으로 농약을 혈관주사에 넣어 자살을 시도한 사례가 있어. 그분은 의식은 또렷하게 살아 있는 가운데 한 달 가까이 서서히 죽음에 이르렀어. 육체의 고통을 처절하게 느끼면서 그가 한 말도 같아.

"살고 싶어요. 후회해요. 시간을 되돌리고 싶어요……."

자살 충동은 우울한 감정이 원인이 돼. 우울한 감정이 지속되면 충동적인 생각과 행동을 하게 되고 우리의 뇌가 작동하는 방식까지 장악하게 되지. '자책'과 '자기 비난'을 하도록 끊임없이 유도해. '나는 가치 없는 사람이야' 자신에 대해 분노하도록 만들지. 나도 그 당시 일기장을 보면 매일 같은 말을 반복하고 있었어.

'나는 나를 용서할 수 없다.'

모든 에너지를 '자기 비난'에 쓰는 거지. 이 상태에 오래 머물게 되면, 드디어 자신을 처벌하기에 이른단다.

'이렇게 사느니 죽는 게 더 나아.'

우울이라는 감정의 가장 나쁜 점은 삶을 바라보는 시야를 좁게 만든다는 거야. 망원경으로 미래를 봐야 하는데, 빨대를 통해서 세상을 보게 만들지. 오늘 내가 처한 문제를 도저히 해결할 수 없다고 생각하는 건 다른 여러 가지 가능성을 보지 못하기 때문이야. 긍정적인 가능성을 생각하는 기능이 마비된 상태이기 때문에 누군가에게 도움을 청해봤자 아무런 도움이 안 된다고 생각해.

자살을 생각하는 사람들은 항상 끝까지 죽음 앞에서 망설인단다. 마지막 순간까지 '죽을까, 말까?' '죽을 때 아플까?' '내가 죽으면 사람들이 슬퍼할까?' '죽으면 정말로 모든 게 끝일까?' 생각해. 누구나 망설이고 고민을 해. 우울하고 죽고 싶은 순간이 찾아온다면, 일단 가능한 한 모든 것을 내려놓고 잠시 쉬어야 해.

가능하다면 잠시 학교도 쉬고, 생각도 쉬고, 감정도 쉬고, 오로지 쉬는 것에만 집중하면서 아무것도 하지 마. 매일 같은 일을 반복하면서 지쳐 있는 상태에서는 현명한 판단을 할 수 없어. '죽는 것도 한 달만 뒤로 미루자. 죽는 것도 보통 일이 아니니, 한 달 뒤에 생각하자.' 자살 방법을 생각하는 것도 쉬자. 쉬면서 이 문장만 떠올려.

"삶은 원래 외롭고 허무하고 고통스러운 것이다."

삶은 원래 외롭고 고통스럽다는 걸 인정하고 나면, 나만 불행하다고 느끼는 빈도가 낮아져.

나는 다시 눈을 뜬 그날부터 '내 삶이 지금보다 나아져야 한다'는 생각 자체를 버렸어. 내가 가치 없고, 쓸모없고, 내일 더 나은 삶을 살게 될 가능성이 없다고 생각하고 우울한 감정에 빠지게 된 것은 '내 또래와 나를 비교'하는 데서 비롯된 것이었어.

우리 뇌는 끊임없이 나의 가치를 평가하고 남과 비교하는 '가치 시스템'이 작동해. 하지만 그 시스템도 내가 주도적으로 긍정적으로 작동하도록 훈련할 수 있어.

가난하면 어때? 옥탑방이면 어때? 생각하니까, 주인집 옥상이 아니라 나만의 마당으로 보였어. 겨울엔 보일러, 수도 변기까지 다 얼어 터져서 텐트에서 야영을 하는 것 같다는 생각이 들었지. 그래서 방에 1인용 텐트를 쳤어. 한겨울에 텐트 안에서 자는데, 이 정도면 너무 따뜻하다는 생각이 들어서 행복했어.

'나는 왜 사랑받지 못할까?' 생각하니 늘 외롭고 혼자라는 생각이 들었어. 누구나 자기 삶에만 코를 박고 살면, 내 인생이 별것 없고 외롭고 쓸쓸하지. '사랑을 못 받으면 어때? 내가 사랑을 주는 사람은 될 수 있잖아?' 생각을 바꾸고 미혼모, 입양인, 재소자들을 돕는 봉사를 시작했어. 보잘것없는 것 같았던 내가 남들에게 줄 수 있는 도움이 꽤 있더라고. '사는 게 더 나은 이유'가 매일매일 늘어나기 시작했어.

그리고 스스로에게 질문했어. 질문지를 프린트해서 죽고 싶다는 생각이 들 때마다 펜을 들고 답을 써보았지. 너도 지금 써볼래?

▶ 나는 왜 죽고 싶은가?

▶ 죽어야만 하는 이유는?

▶ 죽어야만 해결될 일인가?

▶ 내가 죽는다면 어떤 일이 펼쳐질까?

▶ 지금 바로 실행하지 못하고 망설이는 이유는 무엇일까?

▶ 내가 죽으면 좋아할 사람들은 누구일까?

▶ 내가 죽으면 슬퍼할 사람들은 누구일까?

▶ 자살에 성공한다면 나는 만족할까?

▶ 살아야 하는 이유도 있다. 무엇인가?

▶ 지금 내 마음을 이해하고 들어줄 사람은 누구인가?

쓰다 보니 내가 외면했던 내 솔직한 감정과 마주하게 됐어. 나의 솔직한 감정을 내가 다 알 것 같지만 우리는 정말 모르거든. 스스로 묻고 답하는 과정을 글로 써보면, 내 감정을 객관화할 수 있게 된단다. 나는 이 과정을 통해서 내가 죽기보다는 살고 싶어 하는 마음이 간절하다는 것을 알게 되었어. 조금씩 마음에 근육이 생기기 시작했어. 아무에게도 내 마음을 말하고 싶지 않았는데, 막상 써보니까 내 마음을 이해하고 들어줄 사람도 있더라고. 쓰다 보니 한 사람, 두 사람, 이름이 떠올랐어.

자, 제일 중요한 걸 알려줄게.

내 마음을 털어놓는 용기를 내자!

적극적으로 도움을 요청해야 해. 지금 나의 힘든 감정 상태를 말하는 것만으로도 부정적인 감정이 배설되면서 자살 충동은 줄어들어. 내 마음에 가득 찬 부정적인 감정을 배설해야만 긍정적인 감정을 담을 공간이 생긴단다.

'내일'은 내가 일구는 대로 비옥해지는 '내 땅'이야. 더 나아질 가능성을 갖고 있어. 내 삶의 주인이 되지 못하면 상황에 질질 끌려가는 삶을 살게 돼.

'내 삶은 내가 만든다'는 마음으로 삶의 주인이 되면 상황을 대하는 자세가 달라져.

죽어야 할 이유가 3가지라면, 살아야 할 이유는 최소 30가지가 있어. 너무 힘들고 우울할 땐 살아야 하는 이유가 도무지 떠오르질 않아. 같이 찾아줄 사람이 필요해. 도움을 청하고 손을 뻗어 잡아주는 사람이 있으면, 그 손을 놓지 마!

살아야 할 이유를 같이 찾아줄 은인, 다시 한 번 내가 말할 수 있는, 내 손을 잡아줄 수 있는 어른의 이름을 써볼까?

~~~~~~~~~~~~~~~~

내가 정말 힘들어져서 우울한 감정에 지배당해버리면 이런 사람이 떠오르지 않아. 평소에 이런 사람 한두 명을 정해두고, 내가 정말 힘들 때는 당신을 찾겠다고 말해두자. 그러면 정말 힘든 순간에 그 사람이 떠오를 거야.

내가 18년 전에 자살에 성공했다면? 내 영혼이 가슴을 치며 후회하고 있겠지? 오늘 너를 이렇게 만날 수도 없었겠지…….

죽을 것처럼 힘든 상황도, 끝날 것 같지 않은 고통도, 잊혀지지 않을 것 같은 깊은 상처도, 그 시간을 견디면 거짓말처럼 지나가고 잊혀지더라…….

죽음에 대해 고민하는 너는 나약하고 인생에 실패한 패배자가 아니라, 인생에 대한 고민이 남보다 깊은 사람이야. 쓸모없는 사람이 아니라, 세상에 더 쓸모 있는 사람이 되기 위해 고난의 시간을 건너고 있는 중이야. 자살 충동을 이겨낸 너의 경험이, 다음에 '죽고 싶은 한 사람을 살리는' 날이 오리라 믿어.

너무 힘들 때, 도움을 청할 사람이 아무도 없을 때, 이 글을 꼭 다시 읽으렴!

타 인 의 말 에
상 처 받 았 을 때 보 세 요

> 누가 저를 비난하면 너무 괴로워요. 말도 잘 못해서 싸우지도
> 못하고, 집에 와서 잠도 못자고…… 저는 왜 이렇게 병신 같
> 을까요? 맨날 상처받고 혼자 괴로워하는 제 자신이 너무 싫
> 습니다. (18세, 경진이)

누가 나를 비난할 때, 기분이 어때?

상대에게 상처를 주는 게 목적인 말이 있어. 그가 원하는 것은
상처 입고 아파하는 나를 보며 즐기는 일이야. 그를 만족시키고 싶
지 않지?

그의 말에 상처 입는 것은 오직 그를 기쁘게 하는 일이야. 나 자

신에 대한 예의가 아니야. 내가 나의 감정을 책임지는 주인이 되지 못하고, 타인의 말 한마디에 감정의 폭풍을 자주 겪는다면, 내 삶을 주체적으로 사는 것일까? 내가 나를 귀하게 여기지 않으면 타인도 나를 무시하게 돼 있어.

타인을 비방하기를 즐기는 사람은 무조건 멀리해. 처음부터 가까이 지내지 마. 그들은 대부분 영혼이 병든 사람이야. 그들은 자신을 정의로운 사람, 뒤끝 없는 사람으로 포장하는 데 능력이 있어.

상담을 하다 보면, 나보다 인성이 부족한 사람의 말에 상처받고 힘들어 하는 사람들이 너무 많아. 우리는 이런 사람들을 흔히 '착해서 그렇다'고 생각해. 그러나 '착함'과 '나약함'을 혼동해선 안 돼! 내 감정의 주체가 되는 지혜를 발휘해야 해.

누군가 나를 비방할 때 우리는 침착하게 나의 반응을 선택해야 해. 상처받고 괴로움에 빠질 것인지, 지혜로운 대응 방법을 찾을 것인지! 선택할 수 있는 주체는 바로 나, 자신이야. 나를 비방하는 사람을 가장 힘 빠지게 하는 일이 뭔지 아니?

그의 비난에 괴로워하며 기죽은 내 모습을 보여주지 않고, '평화로운' 내 모습을 보여주는 거야. '무대응', '개무시'가 가장 유쾌한 복수라는 걸 기억해.

내 감정의 주체가 되지 못하고 상처를 잘 받는 사람은 행복하게 지낼 수 있는 시간을 낭비하는 거야. 너무 아깝잖아! 타인의 말 때문에 불행한 시간을 보낸다는 것은 내 인생에 대한 예의가 아니지.

나뿐만 아니라 가까이 있는 사람들을 지치게 만들어. 나 역시 수시로 타인에게 상처받고, 내 주변 사람들을 붙들고 하소연하는 사람이었어. 어느 날 돌아보니 내 말을 들어주느라 감정을 소비해야 하는 친구들에게 폐를 끼치고 있다는 것을 깨닫게 됐어.

'상처받고 울고 있는 나'가 여전히 내 가슴속에 살고 있다면, 건조한 목소리로 스스로에게 이렇게 물어봐.

"나에게 상처를 준 그 사람이 내 운명을 결정할 수 있는 주체인가?"

"내 운명의 결정권을 내가 가질 것인가, 그에게 줄 것인가?"

나는 수시로 나에게 이 질문을 던져. 그러면 의외로 가볍게 상처 속에서 빠져나올 수 있어.

소중한 내 인생을 잘 가꾸어가기 위해서는 좋은 친구들과 교류하며 함께 공부하고, 나 자신을 바로 세우는 데 집중해야 해. 내 인생에 집중하면 '남 말'할 시간이 없고, '남 말'에 상처받을 이유도 없어.

할 말 못하고 상처 잘 받는 내 마음을
단 련 하 고   싶 을   때   보 세 요

> 저는 너무 상처를 잘 받아요. 내 잘못이 아닌데 억울하게 당할 때도 병신 같이 말도 제대로 못하고 끙끙 앓아요. 가족 사이에서도, 친구 관계에서도 늘 그래요. 이런 제가 너무 싫어요. 상처 안 받는 성격으로 바꿀 수 있는 방법 없나요? (18세, 연진이)

먼저, 내가 상처를 잘 받는 성향인지 체크해보자.

☑ 인간관계를 시작할 때, 관계가 깨어질까 봐 두려운가?

☑ 또 상처받으면 어떡하나 걱정이 되는가?

✅ 상대의 말 한마디, 행동 하나하나에 예민하게 반응하는가?

✅ 상대가 전화나 문자에 반응이 느리면 불안한가?

✅ 가깝다고 느끼던 사람이 나에게서 멀어진다고 느끼면 버림받은 것 같은 느낌이 드는가?

✅ 상대가 나를 오해하거나 비난할 때 할 말 못하고 오랜 시간 속병을 앓는가?

✅ 나에게 상처를 준 상대에게 하고 싶은 말을 하지 못하고, 자신을 질책하는 데 많은 에너지를 소모하는가?

이 질문에 5개 이상 해당한다면 오늘부터 마음 단련을 좀 해야 돼. 감정이 예민하고 인간관계에서 상처를 잘 받는 사람은 24시간 자신을 들들 볶으면서 살게 돼. 본인이 가장 힘들지만 가까이 있는 사람도 마음이 많이 쓰여. 왜냐면 조심해야 할 게 많아지기 때문이지. 문제는 상대가 의도하고 상처주지 않아도 스스로 끊임 없이 상처를 받으니까 앞으로 더 힘들어지고 외로워져.

"저는 왜 끊임없이 상처받을까요?"

묻는 사람들이 많아. 감정에 예민하기 때문이야. 왜 예민할까? 상처가 많은 사람이기 때문이야. 내 손등에 누가 식초를 쏟았다고 가정해봐. 멀쩡한 피부라면 그게 물이든 식초든 상관없이 통증을 못 느껴. 그런데 피부가 벗겨져서 염증이 있는 상태라면? 쓰라리고 아파 죽겠지.

심리적 통증이란 이런 거야. 내가 느끼는 고통의 강도는 내가 가진 상처에 비례해. 상대는 나에게 상처를 줄 의도가 없었을 수도 있고, 상처를 준 것조차 모를 수도 있어. 모르기 때문에 조금의 죄책감도 못 느끼고 있는데, 나만 괴로워하고 있을 수도 있어. 내가 상처받은 걸 알더라도 '나는 그런 의도가 아니었다'며 당혹스러워할 수도 있고, 상처받은 건 '너의 문제'라며 나를 '소심한 인간'으로 몰아버리는 경우도 있어. 나 혼자만 아프고 억울하다면 나만 손해야.

우리는 내가 가진 상처의 뿌리를 찾아서 대화하는 용기를 내야해. 피하지 말고, 덮으려 하지 말고, 상처받았던 상황을 떠올려봐. 기분이 확 나빠져서 감정이 상할걸. 그때 피하지 말고 지금이라도 대응해보는 거야.

"내 말은 들어보지도 않고, 네 생각대로 날 비난해? 그건 네 생각이고!"

"내가 너의 감정 쓰레기통이야? 왜 나한테 화풀이하는 거야?"

이렇게 소리도 질러보고.

'저 인간은 원래 저래! 무시하자!'

혼잣말도 해보고.

'지금이라도 저 사람의 본성을 알게 돼서 천만 다행이다. 스스로 떨어져 나가주니 고맙네!'

허허허, 웃어도 보고.

그 상황으로 돌아가서 대응해보는 거야. 그 대응법을 반복해서 연습도 하고 나를 '할 말 하는 사람'으로 단련하는 거야. 지금이라도 속이 조금은 후련해지고, 다음에 같은 상황이 왔을 때 단련을 하면 실제 상황에서도 그 방법을 써먹을 수가 있어. 그러면 별로 상처받지 않아.

우리는 잠자는 시간 7시간 정도를 제외하면, 17시간을 타인과 부딪히며 살아가. 타인을 빼고 나 혼자 살 수 없는 게 삶이고, 타인들끼리는 늘 소통의 문제가 생기고 상처도 주고받으며 사는 게 우리 삶이야. 상처를 피할 수 있는 사람은 아무도 없어.

내 잘못이 아닌데도 비난당하고, 오해받고, 억울한 일을 겪기도 해. 그건 천재지변 같은 거야! 피할 수 없고, 내 잘못도 아니야. 모든 사람과 어떻게 다 잘 지내겠어? 마음 근육이 튼튼한 친구들은 이런 생각을 가지고 살아. 같은 상황에서도 상처받지 않는 쪽을 택하고 내 감정을 잘 컨트롤해. 다음 문장들을 소리 내어 읽어보자.

▶ 사람을 좋아하고 싫어하는 감정은 그 사람의 것이다.
▶ 나는 저 사람이 나를 좋아하든 말든 상관없다.
▶ 모든 사람이 나를 좋아할 순 없다. 나를 싫어하는 사람이 있고, 좋아하는 사람도 있다.

▶ 네가 나를 싫어한다고 해서 모두가 나를 싫어하는 건 아니다.

▶ 나를 싫어하고 비난하는 사람에게 내 감정의 에너지를 뺏기지 말자.

▶ 나를 좋아하는 사람들과 잘 지내는 데 시간과 감정을 더 쓰면서 살자.

나를 힘들게 하는 사람은 무시하는 게 상책이지만 그게 어려우면 참다가 병 나지 말고 용기 내서 말해. 계속 얼굴 보고 살아야 하는데, 나에게 자주 상처주고 힘들게 하는 사람이 있다면 가수 장기하의 노래 가사를 빌려서 웃으며 말해봐. 어른이라서, 선배라서 말할 수 없다면? 그럼 마음속으로라도 외쳐봐!

내가 너로 살아봤냐? 아니잖아
니가 나로 살아봤냐? 아니잖아
걔네가 너로 살아봤냐? 아니잖아
아니면 니가 걔네로 살아봤냐? 아니잖아!

그냥 니 갈 길 가
이 사람 저 사람
이러쿵저러쿵
뭐라 뭐라 뭐라 뭐라 뭐라 뭐라 해도
상관 말고

119

그냥 니 갈 길 가
미주알고주알
친절히 설명을
조곤 조곤 조곤 조곤 조곤 조곤 해도
못 알아들으면 이렇게 말해버려

그건 니 생각이고!
아니, 그건 니 생각이고!
아니, 그건 니 생각이고!
알았어, 알았어, 뭔 말인지 알겠지마는
그건 니 생각이고!
니 생각이고!
니 생각이고!

– 장기하 〈그건 니 생각이고〉

120

사 랑 받 고   싶 을   때   보 세 요

> 저는 많은 사람들의 사랑을 받고, 모두와 잘 지내며 살고 싶
> 어요. 교실에 사이가 불편한 친구가 한 명이라도 있으면 못
> 견디겠어요. 저를 무시하거나 따돌리는 친구가 있을 때, 저는
> 너무 우울하고 학교가 다니기 싫어져요. (17세, 주경이)

많은 사람들의 사랑을 받고, 모두와 잘 지내며 살고 싶다······.
그건 너무 큰 욕심이란다. 나는 그런 사람을 아직까지 본 적이 없
어. 주경아, 그런 마음 때문에 네가 너무 힘들지 않니? 마음을 조금
내려놓자. 남에게 사랑받고 싶고 인정받고 싶은 마음을 조금만 내
려놓고, 내 마음을 좀 편하게 해주는 게 더 중요해.

사랑받고 싶은 욕심을 조금만 버리자. 사실 정말 많은 사람들이 이 욕심 때문에 힘들어 해. 관계 속에서 상대에게 인정받고 사랑받고 싶은 욕구가 많을수록 힘들어져. 나 아닌 다른 사람에게 인정받고 사랑받으려면 내 마음도, 시간도, 물질도 많이 소비하게 돼. 나의 것을 많이 내줬는데도 상대가 별로 고마워하지 않거나 계속 요구해서 너무 힘들어지는 경우도 많지.

내가 상대에게 관심과 애정과 사랑을 왜 받으려고 하는지, 왜 인정을 받고 싶은지 잘 살펴봐야 해. 굳이 그럴 필요 없거든. 남이 나를 인정해준다고 해도, 그건 순간일 수 있어.

'내 감정과 시간을 소비해야 할 만큼 이 사람이 나한테 소중한 사람인가?'

냉정하게 생각해보자. 아닌 경우가 더 많지 않니?

특히 나에게 상처를 자꾸 주는 사람은 나에게도 소중한 인물이 아닐 거야. 내 인생에 꼭 있어야 하는 중요한 사람이 아닐 확률이 높아. 그런 사람과의 관계에서도 성공하고 싶어 하는 것은 쓸모없는 감정 소비고, 내 인생을 낭비하는 일이란다. 그런 마음이 내게 있다면, 오늘 이 순간 내려놓자.

나한테 소중한 사람은 다른 곳에서 얼마든지 만들 수 있어. 내 감정을 소중히 여기고 아껴 두어야 정말 내 인생에서 소중한 사람들, 나를 아껴주는 사람들, 사랑하는 사람들에게 나누어줄 수 있는 거니까.^^

무 기 력 해 서 아 무 것 도
하 기 싫 을 때 보 세 요

> 저는 너무 무기력해요. 정말 학교도 가기 싫고 친구도 만나기 싫고 제 방 안에만 있고 싶어요. 부모님은 저에게 '너는 게을러서 큰일'이라며 비난하세요. 저는 가족도 친구도 선생님도⋯⋯ 모두 힘들어요. 저는 패배자 같아요. 잘하는 것도 하나도 없고요. 중학교 때는 공부를 잘했어요. 고딩이 된 후 성적이 너무 떨어졌어요. 정말 죽도록 노력해서 성적을 올려보려고 했는데, 성적은 늘 제자리예요. 저는 머리가 나쁜가 봐요. 시험 콤플렉스도 생겼어요. 시험 시간이 다가오면 자퇴하고 싶은 마음밖에 안 들어요. 말 안하고 혼자 방에서 유튜브 '먹방' 볼 때가 가장 마음 편해요. 아무도 절 비난하거나 한심

하게 보지 않으니까요. 하지만 이 생활이 편한 건 아니에요. 미래를 생각하면 저도 답답해요. 그런데 방 밖을 나가는 순간 두려워요. (17세, 진서)

— 무기력과 게으름은 뿌리가 달라요

진서 정말 힘들겠구나…… 아무 생각하기 싫을 때 나도 방에 혼자 누워서 '먹방' 볼 때 많아. 일주일 정도 방 안에서 나 혼자 있고 싶을 때도 많지. 어떨 때 그러냐면…… 내가 너무 지쳤을 때, 많이 노력했는데 잘 안 풀렸을 때, 나도 그래.

얼마 전, 오래 알고 지낸 교수님 한 분이 힘들게 아들 이야기를 꺼냈어. 아들이 영화과에 가려고 삼수를 했는데, 삼수에도 실패한 뒤부터 방에서만 지내고, 밖은커녕 거실에도 잘 나오지 않는다고……. 가족들이 다 잘 때나 집에 아무도 없을 때만 거실이나 주방에 나와서 먹거나 걷다가 다시 방으로 들어가버린다는 거야.

만성적인 무기력에 빠져서 방 밖으로 나오지 않는 가족 때문에 상담을 청해오는 사람이 생각보다 많아. 대부분이 '게을러서 큰일'이라며 가족들이 그를 비난하지. 하지만 무기력은 게으름과 달라! 그 차이를 알고, 무기력이 왜 시작되었는지 이유를 알아야 우리는 무기력에서 빠져나올 수 있어.

무기력에 빠져 있는 사람들은 여러 가지 심리 기제 즉 포기, 회피, 거부를 동원해서 무기력한 상태에 머물러 있으려 하지. 할 수 있는 능력이 있는데도 귀찮아서 하지 않는 것이 게으름이라면, 무기력은 조금의 희망도 느낄 수 없는 상태에 빠져서 마음이 얼어붙은 거란다. 사람은 희망이 없으면 무기력해지고 죽음에 대한 생각이 늘기 마련이지.

무기력과 게으름은 뿌리가 달라!

'당분간 아무것도 하지 않고 게으르게 지내겠어!'

본인이 선택한 것이 아니라, 과거에 일어난 사건으로 인한 트라우마로 인해서 무기력에 빠진 경우가 많아. 그 경험으로 인한 '학습된 무기력'이 현재를 지배하는 경우라면 본인이 겪는 심리적 고통은 너무나 크단다.

'학습된 무기력' 이론은 심리학자 셀리그먼이 처음 제시한 건데 한 번 들어보렴.

우리에 갇힌 개에게 전기 충격을 계속 가하는 거야. 처음 자극을 주었을 때, 개는 자극에 가만히 있지 않고 어떻게든 헤어나려고 발버둥치지만, 어느 순간 아무리 노력해도 자신의 능력으로는 전기 충격을 피할 수 없다는 것을 경험의 반복으로 학습하게 되면 점차 반응 없이 그것을 받아들이게 된다는 거야. 나아가서 나중에는 충격을 피할 수 있는 상황이 만들어져도 아무것도 하지 않는 상태에 머물게 되고, 죽음 앞에서도 아무런 노력을 하지 않는다는 게 실험의 결과야.

'하다하다 안 되면, 결국 안 된다는 것을 학습해서 무기력하게 있게 된다'는 것이지. 게으름과도 다르지만 슬럼프와도 달라. 일시적 정지 상태가 아니라 나에게 닥칠 위험이나 손해가 확실히 나는 게 보이는 상황에서도 아무것도 할 수 없는 상태에 빠져 있다는 게 위험한 거야. 특히 어린 나이에 아무리 노력해도 안 되는 경험을 두세 번 반복하게 되면, 작은 일에도 도전하는 것 자체가 두려워져. 희망은 느껴지지 않고 의욕도 생기지 않지.

지금 이렇게 무기력에 빠져 있으면 내 인생에 큰 손해를 입을 것이라는 걸 명백히 알면서도 포기하고 회피하고 거부하면서 지내게 돼. 이때 가까운 가족의 비난과 충고는 더 상처가 돼. 방문을 더 오래 걸어 잠그고 싶게 만들지.

진서야. 지금 너의 상태는 '학습된 무기력'으로 인해서 무척 힘든 슬럼프에 빠져 있는 것 같아. 게으른 게 아니야. 마음은 벗어나고 싶은데 몸이 움직이질 않는 거잖니.

'학습된 무기력'의 뿌리를 찾아서 상한 뿌리를 치유해보자. 게을러서 의지가 약해서 모든 걸 하루아침에 충동적으로 내려놓은 게 아니라 반드시 오늘 이전에 어떻게든 해보려고 노력을 했던 시절이 있었고, '아무리 노력해도 나는 안 된다'는 것을 학습한 결과 무기력한 상태에 머무르게 되었다는 걸 알아야 해. 너는 어떻게든 성적을 올려보려고 노력했잖니. 최선을 다해도 안 되니까 지치고 실망하고 지금 너는 너무 힘든 상태가 맞아. 나라도 그랬을 것 같아.

'어떻게든' 해보려고 노력했던 일이 무엇이었는지, '아무리 노력해도 나는 안 된다'고 좌절하게 된 그때의 이야기 속으로 들어가서 나 자신과 대화해야 해. 그 트라우마를 마주해보자.

내 능력 안에서 잘할 수 있는 일을 찾고 그 일을 통해서 의욕을 되찾을 수 있도록 낙관적인 사고도 '학습'에 의해서 길러지는 것임을 믿자. 그러면 조금씩 변화가 시작될 거야.

무기력한 사람이, 오늘 갑자기 일상에 싫증을 느끼고 무기력해진 것이 아니라는 사실을 본인도 주변 사람들도 인지하는 게 중요해. 반드시 그 전에 어떻게든 해보려고 도전하고 노력했던 때가 있었고 노력을 해도 소용이 없다는 것을 학습한 결과 무기력한 상태로 지내게 되었다는 걸 기억하자. 나에게 게으르다고 비난하는 부모님께, 그 상처의 뿌리를 말씀드려 볼래? 그리고 도움을 청해보는 용기를 내자. 나 이제 빠져 나오고 싶다고…….

게으르다고 비난하는 가족들에게 이 글을 꼭 보여주길 바라.

무기력의 뿌리를 찾아서 상한 뿌리를 치유하는 데 협력해야 합니다. 의지가 없어서, 게을러서, 충동적으로 삶을 포기하려는 게 아니라는 것을 주변에서도 이해해주어야 합니다. 의지박약이라고 비난하지 말고, 게으르다고 나무라지 말고, 무기력에 빠지게 된 상한 뿌리를 찾고 치유하는 데 협력해주세요.

어른들은 몰라서 도와주지 못하는 게 너무 많아. 의외로 용기 내어 도움을 청하면 도와줄 어른들이 반드시 있단다. 그런 어른이 한 명도 없다고?

나도 나 자신을 비난하지 않는 게 중요해. 무기력이 학습되는 것이라면 '긍정적인 사고'도 학습에 의해서 키울 수 있단다! 다음 문장을 크게 읽어볼래?

'안 되는 것 같고, 거듭 실패했지만 노력하다 보면 나도 할 수 있다. 나도 잘할 수 있는 게 있다.'

긍정적인 사고를 학습하는 거야. 그건 갑자기 되는 게 아냐. 실패의 경험 때문에 상처받은 내 마음의 문을 열려면 가까운 사람의 도움을 받아야 해. 과거에 겪은 실패의 경험을 충분히 말로 꺼내 놓는 용기를 내. 말이 안 나오면 글로 적어보는 것도 좋아!

삼수를 하고도 원하는 수능 성적을 얻지 못해서 대학 입학에 실패한 후, 방문도 마음의 문도 닫아버리고 가족과의 소통도 거부한 채 1년째 방에서만 지냈다는 청년 말이야. 내가 그 집에 찾아가서 그 방문을 여는 데만 한 달이 넘게 걸렸어.

　나는 여러 번 그 청년에게 나의 실패 경험담과 그로 인해 겪었던 무기력과 우울과의 싸움에 대해 편지를 썼어. 무기력과 우울이 꽤 긴 시간 동안 나를 괴롭혔고 그 무기력의 늪에서 빠져나오기 위해 내가 어떤 노력을 했는지 진심을 담아서 전달했지. 충분히 공감하고 너의 아픔을 나도 느낀다고⋯⋯. 하지만 나의 잠재된 가능성을 매장하기엔 너무 아깝지 않느냐고, 어떤 가능성이 있는지 우리 같이 한번 살펴보자고, 내가 손을 잡아줄 테니 무기력이란 놈과 한번 대화도 해보고, 내가 정말 원하는 게 뭔지 같이 한번 찾아보자고⋯⋯.

　한 달 만에 방문이 열렸어. 그리고 온 가족이 그동안 너를 게으르다고 비난한 것에 대해 진심으로 사과하고 함께 상처를 극복해보자고 말했을 때 그 청년의 마음이 열리고 말문도 열렸단다.

　지금 혹시 무기력 때문에 괴로운 사람이 있다면 도움을 받고 싶은 사람에게 이 글을 보여줄래? 그래야 구체적으로 그리고 효과적으로 너를 도와줄 수 있을 거야.

　무기력해진 원인이 게으름에 있다고 생각하는 것과 노력해도 안 된다는 거듭된 상처에서 비롯되었다고 생각하는 것은 돕는 사람의 태도에 엄청난 차이를 만듭니다. 무기력한 사람이 단 며칠 만에 활력을 찾는 것은 불가능합니다. 가까운 사람들이 참고 기다려주며, 그가 작은 것을 다시 시도해보려고 할 때 친절하게 도와주어야 합니다. 도와주었는데 너는 왜 빨리 안 변하느냐고 비난하고 화내서는 안 됩니다. 그러면 더 깊은 무기력의 늪으로 빠지게 되고 말문도 마음의 문도 더 굳게 닫아버릴 겁니다. 조급한 마음을 버리고, 무기력에 빠져 있는 사람의 마음의 병을 이해하려 노력하면 어떻게 도와야 할지 판단할 수 있게 됩니다.

지금 무기력에 빠져 있는 사람들은 적극적으로 나를 친절하게 도울 수 있는 사람에게 손을 내밀어야 합니다. 내 가족이 무기력에 빠져 있다면 우리는 다음과 같은 긍정적인 사고를 학습할 수 있도록 도와야 합니다.

열등감 때문에 힘들 때 보세요

> 저는 제가 너무 못생긴 것 같고, 아무튼 제 얼굴 생김이 마음에 안 들어요. 살을 좀 빼고 싶은데 굶어도 잘 안 빠져요. 아르바이트해서 돈을 벌면 얼굴 전체 성형을 하고 싶어요. 저는 정말 예쁘다는 말을 들으며 살고 싶거든요. 제가 외모에 왜 이렇게 집착하는지 모르겠어요……. 요즘은 다이어트와 폭식을 반복하며 살고 있어요. 폭식한 날은 손가락을 넣어서 토해요. 그래서 식도염이 생겼어요. 외모만 그런 게 아니라, 우리 집은 가난하지만 부자인 것처럼 보이고 싶고……. 그러다 보니 거짓말도 많이 하게 되는 것 같아요. 저는 친구들 사이에서 기죽는 게 정말 싫거든요. 친구들의 부러움을 사고 싶은

데, 그럴 만한 게 하나도 없어요. 그래서 저를 자꾸 포장하고 싶나 봐요. 저 정신적으로 이상이 있는 건가요? 있는 그대로의 저를 사랑하는 게 너무 어려워요. ㅠㅠ (16세, 경은이)

경은아. 정신적으로 이상이 있는 게 아니야. 청소년기에는 그런 마음이 들 때가 많아. 그리고 이렇게 솔직하게 자신의 단점과 고민을 이야기하고 도움을 청하는 건, 용기 있는 거란다. 멋지게 성장할 수 있는 가능성이 큰 거야. 나를 사랑하는 마음이 있으니까. 도움을 청해서라도 변하고 싶은 것 아니겠니?

먼저 외모 얘기를 해보자. 나도 청소년기에 같은 고민 많이 했어. 작은 눈이 너무 싫어서, 더 큰 쌍꺼풀을 만들려고 풀로 붙이고 또 붙이고…… 속눈썹에 풀이 범벅이 되고 눈에 들어가고……. 아주 난리를 쳤지.

특히 여성들은 자신이 사랑하는 것에 어느 정도 중독적인 성향을 가지고 있어. 이런 성향은 극단적 파괴성을 띠는 게 문제야. 다이어트와 폭식, 토하기를 반복하는 것도 극단적인 파괴성에 속하거든.

타인에게 인정받고 싶은 욕구는 누구에게나 있어. 경은이는 외모의 아름다움을 인정받고 싶어 하는 집착이 다른 사람보다 강한 거야. 타인에게 주목받으면서 자기 가치를 확인해야만 '자기만족'

을 느끼고 안심하는 거지.

그런데 '자기애'가 강한 것이 나쁜 걸까?

"나는 내가 참 좋다. 나는 다른 사람보다 뛰어난 점이 많다."

이 정도의 자기애는 정신건강에 좋고, 삶을 살아가는 건강한 에너지가 된단다. 성인기의 건강한 자아존중감의 바탕이 되는 거지.

하지만 지나친 자기애는 집착으로 이어져. 자신을 사랑하는 것을 넘어서서 타인에게 인정받고 사랑받고 싶은 욕망이 '자신의 모습을 바꿀' 정도로 집착을 하게 만드는 거지. 그 내면을 들여다보면 사실 극심한 열등감에 시달리고 있는 경우가 많아. 극심한 자기 불안감에 시달리고 있는 거지.

자존감은 진정으로 나 자신을 아끼고 사랑하는 마음을 가질 때 내면에서 차오르는 거란다. 욕심 없는 사람들은 타인과 나를 비교할 필요가 없기 때문에 타인이 가진 외모나 경제력, 사회적 지위 등에 질투를 느낄 필요도 없고 열등감을 가질 필요성도 못 느껴. 최고가 될 필요도 없고, 타인이 나를 어떻게 평가하든 신경 쓸 필요가 없는 것이지.

경은아, 백지를 앞에 놓고 나만의 장점을 한번 써보렴. 그 장점들에 만족하며 건강한 자존감을 키워 나가자. 자신과 타인에게 있는 그대로의 내 모습을 보여줄 수 있는 자신감, 그것이 진정한 '자기애'란다.

나를 정말 사랑한다면 남과 비교하지 말고, 나만 가진 내 모습을 인정하고 스스로를 학대하지 않아야 해.

"이 정도면 예쁘네!"

"오늘까지 살아오느라 참 애썼다. 너니까 여기까지 왔다!"

오늘은 거울을 보며 스스로를 칭찬해볼래? 자세히 보면 꽤 괜찮은 사람이 바로 나 자신이란다!

행복해지고 싶을 때 보세요

> 제 친구는 부정적인 말을 너무 많이 해요.

'개망했다', '죽고 싶다', '폭망했다(폭삭 망했다)', '개빡친다(많이 화난다)', '개짜증' 대략 이런 말들이요. 알고 보면 착한 아인데 욕 같은 말만 하는 게 버릇이 돼버린 것 같아요. 처음엔 재밌었는데 이젠 들으면 기분이 안 좋아져요. 저도 모르게 따라 할 때도 있고 저도 부정적인 말을 많이 하게 되더라고요. 제가 오늘 용기 내서 친구에게 말을 해줬어요. 우리 같이 언어 순화를 좀 해보자고. 그랬더니 친구가 또 욕을 하는 거예요. ××, 너부터 해보라고. ㅠㅠ 좋은 말을 쓰면 성격도 좋게 바뀌고 행동과 삶도 바뀐다는 말을 들었어요. 지금부터라도 나는 사람을 만날 때마다 그 사람이 어떤 단어를 많이 쓰는지 주의 깊게 들어. 꿈을 이룬 사람들을 만나서 3년 동안 인터뷰를 한 적이 있어. 그때 그분들의 말을 귀로 듣고, 다시 문장으로 옮겨 쓰면서 절실히 느낀 게 있단다.

역경을 이겨내고, 원하는 인생을 살고 있는 사람들은 '쓰는 말'이 달랐어! 같은 상황을 두고도 가능하면 긍정적으로 해석하고, '만족'과 '기쁨'을 표현하는 단어들을 많이 쓴다는 걸 알게 되었지. 어쩌면, '말의 힘'이 그들의 인생을 만족과 기쁨이 넘치는 인생으로 전환하는 에너지가 되었을지도 몰라.

반면에 우울증을 앓거나 대인관계의 어려움을 호소하는 사람들을 상담해보면, 유난히 '의욕이 없다' '괴롭다' '슬프다' '우울하다' '자괴감을 느낀다'와 같은 부정적 정서를 드러내는 단어를 많이 사용한단다.

실제로 그런 정서를 많이 느끼기 때문에 언어로 표현된 것이지만 부정적 감정을 표현하는 단어를 자주 쓰다 보면 그 감정에 더 깊이 빠져들게 된단다. 대화를 할 때도 1인칭 주어인 '나'를 많이 쓰고, '절대로' '확실히' '결코' '전부' '항상' '당연히' '무조건' 같은 단정적 표현을 많이 쓰는 경향이 있지. 예를 들면, 이런 말하기 방식이야.

"나는 그 친구를 절대로 용서할 수 없어!"

"저는 왜 늘 당하면서 살까요?"

"우리 부모님은 항상 저를 무시해요. 절대로 변하지 않을 것 같아요."

누구에게나 일어날 수 있는 일도 나에게만 유독 많이 일어나는 일, 최악의 일이라고 생각하며 자신의 불행을 크게 생각하는 거야. 상대의 행동이나 말을 부정적으로 해석하는 경향이 강해서 충분히 그의 실수로 이해할 수 있는 상황에서도 이해를 거부하고 오해하는 데서 멈추어버리는 경우가 많지.

그러다 보니 작은 오해의 상황이 생기면 대화를 해서 서로에게 어떤 오해가 있는지를 풀려고 노력하기보다는 관계를 끊어버리는 편을 택하기 쉽단다.

우리 뇌는 긍정적인 단어를 쓸 때 긍정적인 유전자를 활성화시킨다는 걸 아니?

행복하고 흥미롭고 기쁜 감정과 같은 긍정적인 감정도 구체적으로 다양한 어휘로 표현할 줄 아는 사람은 그 감정을 구체적으로 자주 느낄 확률이 높아진단다. 나에게 행복과 기쁨을 주는 섬세한 감정들을 느끼고 찾아내는 능력이 생기는 거야!

청소년기에 긍정적인 단어를 많이 쓰는 건 우리 뇌를 긍정적인 방향으로 사고하도록 이끄는 일이란다. '만족'과 '기쁨'을 표현하는 단어들을 익히고 소리 내어 발음하고 문장을 만들어서 대화할 때 활용해보자. 우리 뇌는 소리 내어 발음해야 단어를 더 오래 기억한 단다. 그러니 생활 속에서 긍정적인 단어를 많이 쓰고 활용해보자!

지금 하던 일을 멈추고 다음 단어들을 소리 내어 발음해볼까?

만족	좋다 / 평화롭다 / 편안하다 / 만족하다 / 고맙다 / 감탄하다 / 감동하다 / 홀가분하다 / 보람 있다 / 정겹다 / 자랑스럽다 / 유대감을 느끼다 / 극치감을 느끼다
흥미	기대하다 / 몰두하다 / 재미있다 / 흥분되다 / 관심 있다
기쁨	행복하다 / 기쁘다 / 유쾌하다 / 즐겁다 / 뿌듯하다 / 성취감을 느끼다 / 흥겹다 / 흥미롭다 / 승리감을 느끼다 / 반하다 / 설레다 / 반갑다 / 열광하다 / 통쾌하다 / 황홀하다 / 명랑하다 / 쾌활하다 / 하늘로 붕 뜨다 / 신난다 / 사랑스럽다 / 유쾌하다 /

어때? 기분이 좋아지지?

나는 책상에 핸드폰에 붙여 놓고 기분이 안 좋아질 때마다 위 표에 있는 단어들을 소리내어 읽어. 어떤 날은 일어나자마자 큰 소리로 읽어. 그러면 정말 기분이 좋아지고 온종일 내 입에서 그 단어들이 많이 나오게 돼! 나와 대화하는 친구들도 덩달아 기분이 좋아지겠지?

내 적성과 꿈을 찾는 건 연애와 똑같아요

> 저는 '나의 미래', '꿈 발표' 이런 게 제일 싫어요. 친구들은 하고 싶은 것도 많고 되고 싶은 것도 많은데…… 저는 아직 잘 모르겠어요. 꿈 찾기엔 너무 늦은 거 아닌가요? 대학갈 때 과를 어떻게 정해야 할지 두려워요. 아무 과나 갔는데 적성에 안 맞으면 어쩌죠? 제 적성도 모르겠고, 꿈도 아직 없는데, 성공은 하고 싶어요. (17세, 해승이)

나의 적성을 찾으려면 다양한 경험을 해봐야 해. 꿈을 찾으려면 그중에서 내가 목숨 걸고 할 만큼 흥미와 재능이 있는 걸 찾을 때까지 끊임없이 도전해봐야 해. 적당히 하는 사람은 끊임없이 끈질기게 흥미롭게 하는 사람을 결코 앞서갈 수 없어.

내 친구 중에 늘 전교 1등만 하는 애가 있었어. 머리가 좋았던 것 같아. 걔 부모님은 딸이 의대에 가길 간절히 바라셨고 내 친구는 공부보다 그림을 그릴 때가 너무 행복하다고 미대에 가겠다고 했어. 그 친구 엄마가 좀 극성이어서 자살 소동까지 벌이고, 결국 내 친구는 의대에 갔어. 조건은 '대학에 가면 너 마음대로 하라'였어.

친구는 의대에 붙었어. 의대에 합격했으니 동네에 플래카드가 붙고 난리가 났었어. 내 친구 엄마도 이제 그림 같은 소리는 안 하겠지…… 생각하셨고. 그런데 내 친구가 어떻게 한 줄 알아?

학교에 안 갔어. 미술학원에서 숙식하면서 하루 20시간 동안 그림을 그렸어. 가끔 찾아가서 만나면 세상에서 제일 행복한 얼굴을 하고 있었어. 영양실조에 걸린 사람처럼 삐쩍 마른 모습이었지만 자신의 선택에 대해서 한 치의 후회도 없었어.

그리고 다음 해에 미대에 합격했어. 지금은 어떻게 되었냐고? 미국에서 설치미술가로 살아. 돈 떨어지면 무엇이든 아르바이트도 하고. 의사가 되지 못한 걸 후회한 적 없느냐고 물으니, 한 번도 없대!

정말 좋아하는 건, 이런 거야. 자기 것을 다 버릴 수 있어야 하는 거야. 많은 걸 포기하더라도 후회 없이 열심히 할 수 있는 일이 자기가 정말 좋아하는 거야. 청소년기는 내가 정말 좋아하는 게 뭘까? 정말 잘할 수 있는 게 뭘까? 깊은 고민을 하고 끊임없이 경험하고 도전하고 탐색을 해보는 시기야.

해승아, 조급할 필요 없어. 도전하고 탐색할 시간이 없다고? 내 인생을 후회 없이 즐겁게 보람 있게 만족하며 살고 싶지? 그러면 과정에 투자해야 해. 그런 투자 없이 꿈 찾고 이루는 건 가짜야!

청소년도, 대학생도, 도전하고 경험해보라고 하면 '이미 늦었다', '시간이 없다'는 말을 많이 해. '재수 없으면 200살까지 산다'는 말 들어봤니? 이젠 의술의 발달로 우리는 정말 내가 원치 않아도 200살까지 살게 되는 날이 곧 온대. 해승이는 17살이니까, 183년 남았구나.

어때? 남은 183년을 잘 살기 위해서 1, 2년 도전하고 경험하는 건 결코 시간 낭비가 아니라 투자지. 정말 가치 있는 투자!

내가 정말 원하고 잘할 수 있는 일이 무엇인지, 죽는 날까지 내 인생을 의미 있고 행복하게 살아가려면 어떤 꿈을 가지고 성취해가며 살 것인지 탐색하는 일은 지금 해야 해.

— 이성 친구를 탐색하듯, 설레는 마음으로 찾아요

내 조카가 대학교 1학년이 되었어. 이 녀석은 중학교 2학년 때부터 열심히 남자친구를 사귀었지. 평균 6개월에 한 번은 남자친구가 바뀌었던 것 같아. 내가 보기엔 공부하는 데 지장은 없었던 것 같아. 단지 이성 친구를 사귄다는 것 때문에 엄마와 갈등이 깊었지.

"대학 가서 남자친구 사귀지 왜 벌써 사귀는 거야? 공부 외에 모든 건 대학 가서 해!"

이게 우리 언니의 주장이었는데, 나는 반대 입장이었어. 청소년기에 다양하고 많은 경험을 하면 앞으로 이성 간의 대인관계도 잘하고 좋은 이성 상대를 골라 연애를 잘하는 데 큰 도움이 되는 '탐색 경험'이라고 편을 들었지.

자, 너의 이상형을 떠올려봐. 키 크고, 잘생기고(예쁘고), 나를 존중해주고, 나를 멋지다고 말해주고, 내 말에 순응하고, 유머감각 있고, 내가 받아서 기쁜 선물을 자주 해주고, 내가 작은 선물이라도 해주면 기뻐서 어쩔 줄 모르고, 내가 바라는 걸 말하지 않아도 알아서 척척 해결해주고…… 어때? 사귀고 싶지?

그런데 이런 상대를 만나서 사귀는 것은 쉬울까, 어려울까? 맞아. 안타깝게도 현실 속에 잘 없어. 왜냐고? 어떻게 청소년이 이리 멋지고, 공감 능력자에다가 착하고 인품까지 훌륭한 모습을 다 갖출 수가 있겠니? 불가능에 가깝지!

처음엔 눈에 콩깍지가 덮여서 상대가 완벽에 가까운 사람이라고 착각할 수도 있지. 하지만 시간을 투자해야 해. 함께 오래 있으면서 그 사람과 관계를 맺고 '함께하는 경험'이 쌓일수록 몰랐던 장점을 발견할 수도 있고, 몰랐던 엄청난 단점을 발견하게 될 수도 있어. 나와 맞는 사람인지 아닌지를 알게 돼. 나와 잘 맞는 사람이라는 확신이 들면 꾸준히 만남을 지속하면서 아름다운 사랑을 이룰 수 있겠지.

내 적성을 찾는 것도 마찬가지야!

관심을 가지고 지켜보다가, 내가 직접 그 일을 해보고, 깊이 빠져들어보아야 내가 좋아하는 일인지 아닌지, 내 적성에 맞는지를 알게 돼. 흥미를 느끼고 열심히 나의 시간과 노력을 들여야 열정적으로 꾸준히 할 수 있게 되지. 언젠가 나만의 독보적인 능력을 가지고 전문가가 될 수 있는 거야.

우선, 설레는 마음으로 내 관심사를 찾아 나서야 해!

많은 사람들 가운데 맘에 드는 이성 친구를 고르듯이 말이야. 관심사를 발견했다면 내가 주도적으로 그 관심사에 빠져들어야 해. 나는 작가가 되는 게 꿈이었어. 그래서 중학생 때부터 관심 있는 작가들의 책은 모조리 다 읽고, 좋은 문장들을 옮겨 쓰는 것을 꾸준히 했어. 성인이 되어서는 강의를 잘하고 싶었어. 그래서 내가 들었을 때 정말 강의를 잘하는 사람들의 강의 동영상을 매일매일 반복해서 보았지.

어떤 일을 좋아하고 관심을 가진다고 해서 갑자기 그 일을 잘 하게 되지는 않아. 관심도 계속 발전시켜야 해. 그러려면 자꾸 접하고 더 깊이 빠져들어야 새로운 정보를 접하게 되고 자극도 받게 되지. 그럴 때 아, 이게 내 적성이구나. 이 분야의 최고가 되어보고 싶다는 꿈이 생기게 되지. 열정적으로 끈기 있게 그 일에 도전할 수 있게 되는 거야. 꿈을 이루는 데 있어서 환경, 재능, 지능보다 중요한 게 뭔지 아니? 바로 '열정적 끈기'야.

— 환경, 재능, 지능보다 중요한 끈기가 필요해요

어릴 때부터 한 가지 운동에만 전력 질주한 프로 선수와 다양한 운동을 시도해본 다음 한 종목을 선택한 프로 선수 중에, 누가 더 좋은 성적을 내는지 스포츠 심리학자(장 코테)가 연구한 사례가 있어. 운동을 놀이처럼 즐기며 다양한 경험을 한 뒤에, 스스로 종목을 선택한 프로 선수들의 성적이 훨씬 좋았고 선수 생명도 길었대.

요즘 청소년들을 만나보면 부모님을 내 인생의 기획자로 생각하고 부모님이 바라는 길에 내 적성을 끼워 맞추려고 하는 아이들이 많아. 부모님은 내 진로 코칭을 하는 사람이 아니야. 부모님이 내 인생을 기획하고, 시간표를 짜주고, 나는 따라간다? 부모님의 소망이 내 흥미와 일치한다면 좋겠지만 내 속에서 자발적으로 생긴 관심과 흥미가 아니라면 열정적으로 끈기 있게 그 일에 빠져드는 건 불가능해.

단지 어떤 일을 좋아한다고 해서 뛰어난 경지에 오르지는 못해. 끈기 있게 노력하지 않으면 잘할 수 없어. 대부분의 사람들은 좋아하는 일을 열심히 하지만 서툴러. 왜냐면 열정만 가지고 잘할 수 있다고 착각하기 때문이지. 끊임없이 연습하고, 배우고, 나만의 독보적인 능력으로 만들어야 해!

그러려면 관심 있는 일을 찾고, 흥미를 느끼면서 충분히 놀 수 있는 시간이 필요해. 관심사를 발견하고 발전시키는 시간은 어느 정도 걸릴까?

생각보다 길단다. 2~3년 정도가 적당하다는 게 전문가들의 의견이야. 하지만 부모들은 그 시간을 못 견디시지. 우리가 관심 있는 일을 찾고 흥미를 느끼는 순간 열정적 끈기를 스스로 발현해서 그 분야 최고가 되라고 부담을 주기 시작하시지. 그때 우리들의 내적 동기는 파괴되고 말아.

"어머니, 아버지! 제가 저만의 길을 찾을 수 있도록 기회를 주시고, 스스로 선택할 수 있도록 기다려주세요. 그런 부모 밑에서 자란 아이들이 '열정적 끈기'를 발휘할 수 있대요!"

용기를 내서 이렇게 외쳐도 돼.

충분히 시간을 가지고 놀면서 자신의 흥미를 발견해야만 열정과 끈기가 생긴단다. '부모의 개입' 없는 '나만의 의지'라고 느낄 수 있어야 해. 끈기 있게 노력하지 않으면 잘할 수 없어.

— 열심히 배우고 연습해서 나만의 능력을 키워요

우리가 적성을 찾고 흥미를 느끼고, 열정적 끈기를 가지고 배우고 노력하는 과정에 필요한 게 있어. 그건 '따뜻한 격려'를 해주는 멘토야! 관심사를 발견하고 발전시키는 시간 2~3년 동안, 나에게 격려해주는 멘토가 가까이 있다면, '내가 잘할 수 있을까?', '내가 잘하고 있는 걸까?'와 같은 불안한 마음을 잠재우고 집중하는 데 큰 도움이 돼!

그런 친구, 선배와 가까이 지내고 멘토가 되어줄 선생님, 전문가를 찾아가서 자주 조언을 구하는 것도 잊지 마. 자, 하나 물어볼게.

— 한 분야의 전문가가 되려면 몇 년을 투자해야 할까요

어떤 일을 하더라도, 최소 10년은 해야 그 분야의 전문가가 돼. 꾸준히 시간을 투자해야만 능숙하고 뛰어난 사람이 될 수 있단다. 그런데 그 일을 좋아하지 않는다면 꾸준히 열심히 10년을 일하는 게 가능할까? 중간에 포기할 수밖에 없어.

좋아하는 일을 열심히 해도 성공하지 못할 확률은 있어. 하지만 꿈을 이루고 성공한 사람들의 특징이 뭔지 아니? 늦게 시작하더라도 꾸준히 열심히 즐겁게 시간을 투자했다는 거야. 죽을 각오로 목숨 걸고 했다는 사람들은 정말 그 분야의 대가가 되어 있더라. 하지만 좋아하지 않는 일을 하면서 성공할 확률은 매우 낮아. 나는 아직 그런 사람을 만나보지 못했어.

경험은 몸으로 하는 것만이 다가 아니야. 관심 있는 분야의 책도 열심히 읽고, 영상도 찾아보고, 그 분야 전문가를 찾아가서 질문도 해보고, 상담도 해보고. 그렇게 탐색하고 도전하고 노력하다 보면 즐기는 전문가가 되어 있지 않을까?

지금도 늦지 않았어. 내가 좋아하는 일, 목숨 걸 만한 일을 찾고 남이 뭐라고 하든 매진하는 거야! 천천히 시작해보자. 그렇게 하면 꿈을 찾을 수 있어!

인 스 타 그 램 에 서
다 들 잘 사 는 거 보 면
우 울 해 질 때 보 세 요

> 인스타그램에 올라온 친구들 사진을 보면 다들 행복하게 잘 사는데, 저만 초라한 것 같아요. 그래서 우울해요. 나도 잘 지내는 척, 가식적인 사진들을 올려보지만, 더 우울해져요. 열심히 셀카 찍어서 보정하고, 문장을 썼다 지웠다 더 과장되게 나를 포장하고……. 어떨 땐 이게 뭐하는 짓인가…… 제가 더 초라해 보여요. (16세, 록희)

다들 인스타그램이나 페이스북 같은 SNS를 하면 나를 더 멋지고 그럴듯하게 보여주고 싶은 욕구가 생기는 거야. 나이 많은 나도 그래. 진정한 소통이 이루어지는 공간은 아닌 것 같아. 자기 과시

경쟁터라고 할까? 부러움, 질투, 경쟁…… SNS를 가만히 들여다보면서 떠오르는 단어들이야.

과장된 사진과 문장들로 자기 과시를 하고 나면 기분이 어때? 오히려 공허감을 많이 느끼고 나를 남에게 더 그럴듯하게 보여줘야 한다는 생각 때문에 부담을 느끼게 되지. 남들의 포스팅을 보며 시기심과 질투심을 느끼는 자신의 감정 때문에 더 힘들다는 사람들도 많아. 너도 그런 감정일 거야.

SNS에서 자신의 진솔한 사생활을 다 보여주진 않아. 누구나 매일 행복하지도 않고, 늘 좋은 일이 생기지도 않고, 매일 맛있는 것만 먹는 사람도 없고, 매일 멋진 카페에 가서 간지 좔좔 흐르는 사진을 찍진 않아. 일상 중에서 특별한 순간, 그중에 남에게 보여지고 부러움을 사고 싶은 부분만 골라내서 글도 쓰고 사진도 편집해서 예쁘게 포장된 모습을 보여주고 있을 뿐이야.

'관심받고 싶다'
'칭찬받고 싶다'
'부러움을 사고 싶다'
'예쁘다, 잘생겼다는 말을 듣고 싶다'

인정받고 싶고 주목받고 싶은 나의 욕망이 현실을 편집해서 올리는 곳이 인스타그램이고 페이스북이야. 내 욕망에 부응해주는 사람들의 '좋아요'를 받고, 댓글로 찬사를 받으면서 소통의 기쁨을 느끼고, 욕구를 충족하는 것이지. 일시적인 위안이야. 하지만 그게 나쁜 건 아니야. 욕망 중에서는 건강한 욕망이라고 할 수 있어.

하지만 너무 시간을 빼앗기며 거기에 매달리는 건 공허하고 더 외로운 감정을 불러온단다. 남에게 보여지는 것에 너무 많은 시간과 감정을 쏟아야 하니까. 어떻게 하면 더 관심 받고 부러움을 살 수 있는지에 집착하는 거지. 그러면 진짜 내가 사라져. 진짜 나를 키울 시간이 없어지지. 공허하고 불행하고 외로워지기 시작해.

진정한 소통은 진실해야 하고, 진실한 소통인 공감은 SNS가 아닌 현실에서 가능해. SNS는 일상을 떠나서 잠시 스트레스를 푸는 놀이터 정도로 생각하는 게 좋아. SNS에서 아무리 '좋아요'를 많이 받아도 현실에서는 진심으로 공감하고 소통하는 친구가 하나도 없는 사람들을 종종 본다.

나의 슬픔, 외로움마저도 과장되게 포장해서 남들의 관심을 사는 상품으로 각색해서 관심을 받으려는 사람들이 많이 보여. 나는 그럴 때 '좋아요'도 눌러주고, 댓글도 달아줘. 이 사람 지금 외롭구나, 관심받고 싶구나…… 생각하면서.

아닌 척하면서 늘 자기 자랑을 하는 사람들도 많아. 꼴불견이지. 가끔은 보기 싫지. 하지만 그 감정을 느끼는 나를 보면서 '내가 질투하고 있구나' 느낄 때도 있지. 그럼 다시 가서 '좋아요'를 눌러줘. '아, 이 사람 지금 무척 인정받고 타인의 부러움을 사고 싶구나.

그럼 한 번 눌러주자!' 이런 마음으로 말이야. SNS는 가벼운 소통의 장이야. 서로 적당히 잘난 척하고, 적당히 과장하고, 적당한 거리 두고, 가볍게 소통하는 가상의 공간인 거지.

부러워하고, 질투하고, 그럴 필요 없어!

그 사람이 얼마나 관심과 인정을 받고 싶으면, 그걸 멋있게 포장해서 나한테 보여주겠니? 그 사람이 진정 바라는 건 그냥 관심과 인정, '좋아요' 갯수일 뿐이야! 그걸 보면서 위로받는 거지. 경쟁하는 마음으로 나도 멋진 음식, 멋진 사진 찍어서 올리고 '좋아요' 갯수 신경 쓰면서 SNS에 집착할 필요가 없어.

가볍게 적당히 즐기고, 남들은 어떻게 사나 구경하고, 가끔은 나도 적당히 나를 자랑하고 인정도 받고 찬사도 받고 부러움도 사면서 직접 만나지 못하는 사람들과 소통하는 재미도 즐기면서 그렇게 노는 놀이터로만 생각하면 돼. 너무 집착하게 되고 스트레스 받는다는 생각이 들면 몇 주 떠났다가 또 심심하면 놀러 가는 그런 공간으로 활용하는 게 건강하게 SNS 놀이터에서 노는 법이야!

타고난 천성이 힘이 셀까요?
습관이 힘이 셀까요?

> 저는 어릴 때부터 행동이 느려요. 잠도 많아서 아침에 도저히 빨리 일어나질 못하겠어요. 아빠는 "세살 버릇 여든까지 간다, 그렇게 게을러서 어떻게 먹고 살래?" 저를 정말 한심하게 생각하세요. 천성이 게으르면 어쩔 수 없는 건가요? 고칠 수 있는 방법은 없을까요? (18세, 우진이)

나도 늦잠 대마왕이었어. 느리고 느렸지. 그래서 맨날 혼났지. 그런데 지금은 새벽 6시에 늘 눈이 떠져. 다시 잠드는 때도 있지만 알람 없이도 6시에 눈을 뜬다는 게 놀랍지. 그 습관을 내 몸에 익히기까지 고통을 견디고 이겨낸 결과야! 나에게 관대하면 나쁜 습관을 고칠 수가 없단다.

"습관은 제2의 천성이다. 습관은 천성의 10배나 된다."

근대 심리학의 창시자 윌리엄 제임스가 한 말이야! 실행할 의지만 있다면 새로운 습관을 단호하게 습득하는 것이 가장 좋은 방법이야.

죽을 때까지 죽도록 노력하면 아이큐를 높일 수 있을까? 힘들긴 하지만 좋은 습관을 몸에 익혀서 매일 '더 나은 인간'으로 진화해 나갈 수 있다는 걸 기억해! 나쁜 습관을 버리고 좋은 습관을 익히는 것은 죽기 전날까지 가능하단다.

'타고난 능력'을 이기는 것이 뭘까? 그건 바로 '노력하는 능력'이야!

시간은 걸려. 생각보다 많이 느릴지도 몰라. 하지만 매일 조금씩 반복적으로 연습한다면 '타고난 능력자'들을 이기는 날이 온단다.

우선 나쁜 습관 버리기부터 지금 당장 시작해봐. 우선 써 보는 거야.

▶ **버리고 싶은 습관**

....

....

....

....

▶ 갖고 싶은 습관

....

....

....

썼다면, 다음 문장을 소리 내어 세 번 읽어볼래?

"나의 신경계통은 내 편이다. 믿고 시도하면 된다!"

나쁜 습관들은 서서히 굳어져서 '일상의 중독'이 되어버린 상태
야. 이 습관들을 끊으려고 할 때 서서히 끊는 게 좋은지, 단호하게
끊는 게 좋은지는 전문가들 사이에서도 의견이 갈려.

네 생각엔 둘 중에 어떤 방법이 좋을 것 같니?

새로운 습관을 단호하게 습득하는 거야!

나쁜 습관에서 벗어날 수 있는 가장 좋은 방법이란다. 굳게 마
음을 먹고 일단 실행에 옮겨보는 거야.

첫 시작부터 실패할 것이 확실한 어려운 일을 억지로 해내도록
부담을 주면 성공 가능성이 희박해져. 하지만 본인에게 견뎌보겠
다는 의지가 있을 때는 조금 고통스럽고 불편하더라도 오늘부터
당장 실행하는 것이 중독과 같은 습관을 버리는 데 효과적이라는
걸 기억해!

실행했다는 자기만족감이 다음날 두 번째, 세 번째 행동에 옮길 때 더 적극적으로 할 수 있는 에너지를 부여해주는 거니까.

나는 나쁜 버릇이 하나 있어. 귀가하면 바로 거실 소파에 쓰러져서 잠들어버리는 거야. '씻고 침대에 가서 자야지.' 매일 결심하지만, 습관은 참 고치기 힘들더군. 습관대로 하고 싶을 때, '오늘 딱 한 번만!' 내가 나에게 구걸할 때, '오늘은 진짜 피곤하니까' 변명거리 만들고 싶을 때! 효과적인 주문이 있어!

"5초만 시간 줄게. 행동하자! 5! 4! 3! 2! 1! START!"

이렇게 외치면서 벌떡 일어나는 거야. 그리고 바로 행동하기!

굳게 먹은 마음가짐이 있어도 구체적으로 그때그때 행동하지 않으면, 우리 성격 특성은 향상되지 않는데. 밀J. S. Mill이 이런 말을 했어.

"성격 특성이란 완전하게 꾸며진 의지다."

성격은 꾸며진 의지지, 고치지 못하는 게 아니라는 거야.

"나는 원래 성격이 이래."

"천성이 게으른 걸 어떡해?"

"타고난 성격이 원래 이런 걸 어떡해?"

어디선가, 종종 들어본 말이지? 변화하려는 의지가 없는 사람들이 자주 하는 자기변명이라는 거, 이제 알겠지?

체 력 이   떨 어 져 서
힘 들   때   보 세 요

> 저는 체력이 진짜 약해요. 중학생 때는 괜찮았는데 고등학생
> 이 되니까 체력에서 친구들에게 밀리는 걸 절실히 느끼고 있
> 어요. 운동을 하고 싶지만 운동하는 시간이 너무 아깝고 그
> 시간에 공부를 해야 할 것 같아 불안해요. 고3은 결국 체력 싸
> 움이라고 하던데 걱정돼요. (18세, 현서)

현서야! 운동하는 시간이 아깝고 그 시간에 공부를 해야 할 것
같아서 불안하다는 말, 나도 정말 이해 돼. 나도 늘 그런 생각을 하
면서 운동을 미루고 미루었단다. 그런데 그건 내가 뇌에 대해 너무
몰랐기 때문에 했던 고민이라는 걸 너무 늦게 알았어. 운동을 해

야 하는 이유는 여러 가지가 있지만 먼저 운동을 해야 학습 능력
도 높아지고 뇌가 활발해진다는 걸 너에게 구체적으로 설명해주
는 게 가장 좋겠구나!

　　운동을 해서 혈액을 뇌에 공급해주면 뇌는 최적의 상태가 된단
다. 운동을 통해서 우리 뇌 구조를 개선할 수 있다는 거야. 뇌 과학
의 권위자인 존 메디나 박사는 '몸을 움직여야 뇌를 움직여서 뇌
기능을 발달시킬 수 있다'고 주장했어. 가장 쉽고 효과적인 운동은
바로 '걷기'야!
　　정수리 부분의 최상층인 뇌의 '두정부'에서 우리의 발을 움직이
는 기능을 담당해. 걷기 운동을 열심히 하면 혈액이 두정부까지 도
달해. 뇌 전체의 혈액 순환을 활발하게 유도하는 데 가장 좋은 게
'바른 자세로 걷기'야. 실제로 20~30분 걷고 나면 뇌 기능이 활발
해져.

　　그렇다면 운동은 얼마나 자주, 시간은 얼마 정도 해야 뇌 기능
에 가장 좋을까? 조금씩 자주 하는 게 좋아!
　　뇌 과학자들의 결론은 주 2회 20~30분 만으로도 뇌를 단련하
고 건강하게 만들 수 있다는 거야. 운동을 하면 혈액의 흐름이 좋
아지고 새로운 혈관을 만들어내고 우리 몸속 조직에 영양분이 더
많이 공급되면서 우리 몸의 노폐물과 독소를 제거하기 때문에 육

체의 기능이 향상될 수밖에 없는 거지.

운동을 하면 뇌의 치아이랑dentate gyrus이라는 곳에서 혈액의 양이 증가해. 혈액의 영양분을 뇌세포들이 충분히 흡수하기 시작하는 거야. 뇌세포에 충분한 영양분을 공급하려면 운동을 해야 한다는 거지. 성장촉진제 맞는 친구들 봤지? 운동은 바로 뇌를 성장시키는 촉진제라는 걸 기억해!

독일 하이델베르크에 가면 '철학자의 길'이 있단다. 역사 속의 철학자들은 걷고 또 걸으면서 사색하고 토론하기를 즐겼어. 그분들은 우리 뇌의 비밀을 이미 알고 있었던 게 아닐까?

아침에 엄마 차 타고 학교 정문 앞에서 내리지 말고, 빠른 걸음으로 걸어보자. 그것만으로도 나의 뇌 성장시키기 프로젝트는 시작되는 거니까!

운동을 할 때 우리 뇌는 활발하게 활동하기 시작해. 그 유익한 변화들을 정리해줄게. 들어봐!

앞에서 뇌의 신경세포 뉴런(기억, 습관, 감정, 지능, 언어 등 한 인간을 구성하는 모든 정신작용이 정보화되어 있는 곳)은 시냅스에 의해 이어져 있는데 청소년기의 뇌는 뉴런과 시냅스의 연결이 너무 많아져서 과부하에 걸려 있다고 한 거 기억나지?

이 증상을 완화해줄 수 있는 게 바로 운동이야! 뉴런과 시냅스의 연결을 강화해서 불안과 우울, 스트레스로 힘들어 하는 해마의 상태를 좋아지게 하고, 좋은 기분을 유지할 수 있게 해준단다. 시냅스도 더 많이 생겨나서 연결하는 망이 확장되면 해마에서 생성된 새로운 줄기세포들이 분열해서 뇌의 기능은 더 좋아지는 거야.

수능 시험이 다가올수록 만성 스트레스를 호소하는 청소년들이 많아. 그때 스트레스호르몬인 코르티솔이 과잉 생산되는데 운동은 코르티솔의 생성을 억제해서 우울증도 예방한단다.

뇌는 운동화를 신은 나를 좋아해요

이렇게 운동의 효과를 이론으로 잘 알고 있는 나도, 40여 년을 살면서 운동은 전혀 하지 않았단다. 체육 전교 꼴등, 저질 체력의 대명사인 나도 운동을 시작했어! 내가 하지 않으면서 여러분에게 운동을 하라고 권하는 게 너무 양심에 찔려서 말이야.

스피노자가 이런 말을 했어.
"육체적 능동이 정신적 능동이다."
육체적으로 건강하지 않으면 마음 건강도 약해져. 체력이 약한 사람은 무엇이든 도전하는 게 겁이 나고 포기도 빨라진단다. 나도 체력 약하기로 유명한 사람이야. 저질 체력이지. 학교 다닐 때 운동은 꼴등을 도맡아 했어. 가만히 앉아서 책 읽거나 멍 때리거나 가만히 누워 있거나. 어릴 때부터 이 삼종 세트가 내 주특기야.

그런데 내 경험상 체력이 약하면 결국 큰 도전에서 성공할 확률이 줄어들더라. 체력이 강한 애들은 대입을 앞두고 전력 질주할 수 있지만, 대입이 코앞인데 몸이 아파서 학습 능력을 다 발휘하지 못하는 날이 오더라는 거지. 그때는 보약 먹고 영양제 먹어봐야 소용이 없더라고. 청년기에는 절실히 느끼지 못할 수도 있지만 30대 40대가 되면 건강이 필수 요건이 돼. 학벌, 능력 다 갖추느라 전력 질주했던 친구들이 40대에 건강에서 무너지는 걸 많이 보았어.

— 꿈은 체력으로 이루는 거예요

요즘 내 책상에 붙어 있는 문구란다. 꿈은 학력으로, 스펙으로만 이룰 수 있는 게 아니더라. 체력이 뒷받침되지 않으면 학력과 스펙 모두 아무 소용이 없다는 걸 기억해줘.

나는 최근에 건강 검진을 하고 결과를 보러 갔어. 의사가 말하더군.

"암만큼 무서운 게 마른 비만이에요. 체중은 정상이지만, 체지방은 5kg 초과, 근육은 7kg 부족해요. 운동 전혀 안 하죠? 이대로 살다가는 책상에 앉은 채로 죽을 수도 있어요! 당장 걷기부터 시작하세요!"

우리나라 청소년들이 책상 앞에서 공부만 하다 보니 심각한 '마른 비만'들이 많대. 청소년들도 다이어트하느라 운동은 안 하고 먹는 것만 줄이잖아? 그건 정말 위험하대. 근육이 없으니 기초대사량도 낮아지고, 지방보다 근육 분해가 먼저 일어나서 마른 비만이되는 거래.

근육을 고유어로 '힘살'이라고 해. 근육을 기르지 않으면 우리 몸은 힘을 발휘할 수 없어. 근육 덕분에 바른 자세가 유지되고 관절도 움직일 수 있어. 신장과 내장 기관을 움직이는 것도 근육인거 알지? 근육량이 증가하면 에너지 소비가 활발해지고 기초대사량이 증가하는 반면, 근육량이 감소하면 당뇨병이 생길 확률이 높아지고 복부지방도 늘어 심혈관 질환도 생기고 노화도 빨리 진행된대. 그래서 우리는 어떻게든 육체의 근육을 기르기 위해 애를 써야 해!

시간을 내서 운동하고 체력을 기르는 건, 미래에 대한 투자야. 운동하는 시간을 아끼고 체력에 투자를 하지 않으면 체력이 약해서 정말 하고 싶은 일을 못하거나, 더 열심히 전력 질주할 수 없어 포기해야 하는 날이 올지도 몰라.

나는 2019년 1월 1일부터 운동을 시작했어. 평소에 교류가 많았던 안경훈 서울시청 철인 3종 경기 감독님께 조언을 구했지!

"감독님, 저 심각한 마른 비만이래요. 마음은 운동하고 싶어도 몸을 움직이기가 두려워요."

"기초대사량이 급감한 상태에선 매사에 소극적일 수밖에 없어요. 스스로 꾸준히 운동하는 적극성을 발휘하는 건 쉽지 않죠. 운동 프로그램을 운영하는 곳에 등록하고 자신과 비슷한 사람들과 함께 지도를 받으면서 하는 게 좋습니다. 서로 격려하면서 동기 부여를 받으며 꾸준히 반복·숙달하는 게 중요해요."

나는 주 2회 걷기 운동부터 시작하기로 했어. 그래서 걷기 지도부터 받기 시작했단다.

"초보자 입문의 첫째는 바른 자세 잡기예요. 경추와 요추를 바르게 하고 서는 것부터! 가슴을 쫘악 펴고 중력에 최적화가 되는 수직으로 바로 서는 자세가 가장 중요해요. 작가님도 걷는 모습을 보면 왼쪽으로 몸이 기울었어요. 전후좌우 어느 한쪽으로 기울어지면 부상을 당하기 쉬워요. 바로 선 후에 바른 걷기를 배우고 달리기를 배워야 해요. 지금부터 바르게 서기부터 따라 하세요."

▶ **어깨는 살짝 내리고, 목은 뽑아 올린다는 느낌으로 선다 = 가슴과 경추가 곧게 펴진다.**

▶ **코로 숨을 내뱉을 때 단전에 힘을 주어, 공기를 다 짜낸다는 느**

낌으로 배를 조여준다 = 척추가 쫙 펴진다. (항문을 힘주어 꽉 조이면 더 완벽한 자세가 됩니다!)

나는 살기 위해서 바른 자세로 서고 걷기 시작했어. 바른 자세로 서는 데 집중하고, 자세를 유지하며 걷는 것만으로도 옷이 땀에 흠뻑 젖더라! 걸을 땐 무조건 저자세로 걷고 요즘은 하루 20~30분 동안 운동화를 신고 동네를 걷거나 뛰어. 그리고 하고 싶은 걸 하기 전에 스쿼트를 50개씩 해. 50개를 하고 나면 나에게 상으로 내가 원하는 걸 주는 거야! 치킨이 먹고 싶다면 먹기 전에 50개! 졸려서 자고 싶다면 자기 전에 50개! 보고 싶은 TV 프로가 있으면 보기 전에 50개! 한 달 동안 실천했더니 체지방이 3kg 줄었어. 근육은 1kg 늘었더라!

놀라운 건, 늘 피곤에 절어 있던 내가 피곤함을 느끼는 강도가 많이 줄었다는 거야! 운동을 하고 나면 쓰러져서 못 일어났었는데, 참고 계속 했더니 하면 할수록 몸이 가벼워진다는 걸 느꼈어. 책상에 앉아서 글 쓰고 공부하는 시간은 하루 4시간에서 5시간으로 1시간가량 늘었어!

운동을 하면 뇌 기능이 향상된다는 걸 절실히 실감하고 있어.

혼자 하면 금세 지칠 것 같아서 단톡방을 만들어서 함께 실천할 친구들을 모았어. 실천할 때마다 문자를 올리고 인증 사진도 올리고. 서로 경쟁도 되고, 동기 부여도 되어서 재밌게 실천해 나가고 있는 중이란다.

작심삼일에 그치지 않으려면 비슷한 사람들과 함께 운동하는 게 좋대. 학교 오갈 때, 학원 오갈 때, 버스나 엄마 차에서 내려서 빠른 걸음으로 걸어봐. 점심시간에 남는 시간 20분 정도? 친한 친구들과 게임처럼 운동을 해. 내기 달리기를 해도 좋고, 농구를 하거나 피구를 하거나 무엇이든 시작해봐!

게임과 야동, 끊기 힘들 때 보세요

> 성적은 나쁘지 않아요. 그런데 고3때부터 심한 불안증이 생겨서 그때마다 게임을 하거나 야동을 보면서 불안을 잊었어요. 그런데 이젠 너무 중독된 것 같아요. 안 하려고 용쓰다 보면 자위행위를 하고 있어요. 정말 짜증이 나는데, 짜증 내면서도 계속하고 있는 제가 너무 한심해요. 저 좀 도와주세요. (19세, 정우)

벗어나려고 너무 집착하지 마. 그냥 좀 무관심해지는 연습을 해보자. 우리 뇌의 쾌락 시스템은 정말 강력해. 그걸 움직이는 힘이 '본능'인데, 억누를수록 더 힘차게 쾌락 시스템을 가동시켜. 그러니까 '벗어나기 위한 발악'은 그 시스템을 더 자극하는 거야. 온종일 그 생각만 나게 풀가동 시킬 수 있는 에너지가 생기는 거지.

이렇게 생각해봐. 재밌긴 하지만 무익한 놀이를 같이 하자고 온종일 귀찮게 따라다니면서 괴롭히는 악당 같은 녀석들! 3박 4일 동안 자지도 먹지도 않고 게임을 하다가 PC방에서 죽은 사람 이야기가 뉴스에 보도되었었지? 그 정도면 나를 생명의 위협을 느끼게 만드는 조폭 같은 존재니까 문제가 되지만, 이 정도는 나를 괴롭히는 악당 같은 녀석들 수준이니 너무 스트레스 받지 마. 왜냐면 그럴수록 더 달라붙기 때문이야.

이제 너희랑 안 놀겠다고 소리 지르고 내 집에 찾아온 녀석들을 쫓아내고 이러면 그 녀석들이 어떻게 하겠어? 더 끈질기게 집적거릴 수도 있어. 그러니까, "어, 또 왔네? 나 이제 너희랑 노는 거 재미없으니까 그만 가라! 가!" 시니컬하게 웃어줘. 무대응, 무관심이 가장 좋은 방법이야. 그럼 그 녀석들도 풀이 꺾여. 반응을 안 해주니까 같이 놀자고 집적거리는 게 재미없는 거지.

살다 보면 뭔가에 집착하고 중독됐나? 싶을 정도로 나의 신경과 시간을 쓰게 되는 일들이 생겨. 늘 착하고 성실하게 좋은 것만 보고 말하고 생산적인 일만 하며 살 수 있겠니? 가끔은 본능이 유혹하는 대로 딴짓도 하고 그러는 거야.

나도 시도 때도 없이 달콤한 것을 먹으면서 스트레스를 푸는 버릇이 있어. 음식 중독이지. 글이 안 써지고 답답하면 스마트폰에 집착해. 때로는 내가 스마트폰 중독 같기도 해. 내가 왜 이러나 짜증이 나서 집에 있는 달콤한 음식을 모조리 없애버리고 스마트폰 전원을 꺼서 차에 두고 내리고 '억지로' 노력할수록 더 생각이 나더라고.

'벗어나겠다'는 생각에 집착할수록 쾌락 시스템은 더욱 강하게 풀가동 된다는 걸 잊지 마. 도덕성이 강한 사람일수록 심한 죄책감을 느끼면서 더 불안한 마음을 갖게 돼. 그러면 벗어나기는 더 힘들어져. 쾌락은 아주 자극적인 본능이야. 그래서 쾌락을 자극하는 취미생활에 한 번 빠져들면 헤어나오기 어려워. 누구도 자유로울 수 없는 게 쾌락의 유혹이고, 빠져들다 보면 어느새 중독이 돼. 중독이 뇌의 생물학적 변화를 초래하는 것이기 때문에 '집착 단계'에서 중독으로 진행하지 않도록 초기에 관심을 느린 쾌락으로 돌려주는 게 도움이 돼.

평소에 느린 쾌락을 자주 즐기는 사람들일수록 쾌락의 유혹에 매몰되진 않아. 노래 크게 부르기, 멍 때리면서 걷기, 스쿼트 100개 하기, 큐브 맞추기, 퍼즐 맞추기⋯⋯. 이런 게 내가 주로 쓰는 방법이야. 이 방법을 쓰면서 동시에 매일 '아주 작은 목표를 세우고 성취하기'를 시작해봐. 예를 들면, '오늘은 컴퓨터 한 시간만 하기' 이런 거. 컴퓨터를 켜면 게임도 하게 되고, 야동도 보게 되니까 시간을 제한해보는 거지. 이 정도 목표는 성취하기가 쉽지? 작은 목표를 매일 성취하다 보면 언젠가 끊을 수 있겠다는 자신감이 생겨. '자아 효능감'이라고도 하는데, 매일매일 조금씩 목표치를 늘려주는 거야. 그리고 반드시 상을 주는 거야. 음료수도 좋고 떡볶이도 좋아. 나의 뇌가 기쁨을 누릴 수 있는 것으로.

어떤 친구와 가까이 지내야 할지
궁 금 할 때 보 세 요

'사람 보는 법'을 제대로 알려주는 책이 있으니, 바로 『논어』란다. 『논어』에 나온 공자 선생의 말을 통해 답을 찾아볼까?

"유익한 것으로 세 가지 벗 삼음이 있고, 손해 보는 것으로 세 가지 벗 삼음이 있다. 곧음을 벗 삼고, 진실함을 벗 삼고, 견문이 넓음을 벗 삼는 것이 유익한 세 가지이고, 겉치레만 중시함을 벗 삼고, 좋은 말만 하는 아첨을 벗 삼고, 말만 번드레하게 함을 벗 삼는 것이 손해 보는 세 가지다."

이 구절에서 '벗 삼는다'는 말은 '좋아하고 가까이 하다'는 뜻이란다. 곧고, 진실하고, 배우는 일을 좋아해서 견문이 넓은 사람이 되어야 하고, 겉치레만 중시하고, 듣기 좋은 말로 아첨하며 말만 번드레하게 하는 사람을 경계해야 한다는 뜻으로 「계씨4편」에 나와.

좀 더 구체적으로 경계해야 할 인간 유형에 대해 공자가 제자 자로에게 말하는 구절이 「양화8편」에 나와.

"어짊을 좋아하기만 하고 배움은 좋아하지 않는다면 그 폐단은 어리석게 된다는 것이다. 사람을 평하고 논하기를 좋아하기만 하고 배움은 좋아하지 않는다면 그 폐단은 쓸데없는 데 시간과 노력을 탕진하는 것이 된다. 신의라고 하여 하나만 잡고서 배움을 좋아하지 않는다면 그 폐단은 잔인해진다는 것이다. 곧은 것을 좋아하고 배우기를 좋아하지 않으면 그 폐단은 너무 까다롭고 고집이 세진다는 것이다. 용맹을 좋아하기만 하고 배우기를 좋아하지 않으면 그 폐단은 어지러워지는 것이다. 강한 것을 좋아하기만 하고 배우기를 좋아하지 않으면, 그 폐단은 경솔하게 된다는 것이다."

배우기를 좋아하지 않는 사람은 이렇게 폐단이 많아. 그러면 배우기를 좋아하는 사람은 어떤 사람일까? 「학이14편」에 답이 나와.

"군자가 되려고 하는 자는 먹을 때 배부름을 구하지 않고, 거처

할 때 편안함을 구하지 않으며, 또 일을 할 때는 민첩하게 하고, 말은 신중하게 하며, 이어 도리를 갖추고 있는 사람에게 찾아가 잘잘못과 옳고 그름을 바로잡는다면 (설사 그가 배우지 않은 사람이라 하더라도) 배우기를 좋아하는 사람이라고 이를 수 있다."

많이 배운 사람이라 할지라도 문제에 봉착했을 때 답을 잘 찾기란 힘들지. 이럴 때 조언을 구할 수 있는 좋은 선배나 스승(도리를 갖추고 있는 사람)을 찾아가서 자신의 잘못을 바로잡을 수 있다면, 배우기를 좋아하는 사람이라 할 수 있단다.

이런 벗을 사귀고 나 또한 이런 사람이 되도록 나도 늘 노력하고 있어. 내가 먼저 이런 사람이 되면 자연스레 내 주변에 더 좋은 사람들이 몰려들지 않을까?

내 인생, 이미 늦었다고
생각될 때 보세요

> 내가 가출했을 때, 우리 아빠도 우셨을까요. 그 집에서 아직도 나를 기다리고 계실까요. 다시 만나면 '늦어서 미안해'라고 말할 수 있을까요…… 이미 돌아가기엔 모든 게 너무 늦었습니다……. 선생님…… 저 옛날로 돌아갈 수 있을까요?
> 중1 때까진 저도 공부를 잘했어요. 2학년 때 엄마 아빠가 이혼했어요. 엄마가 장사를 하셨는데, 사기를 당해서 빚을 많이 졌어요. 그래서 서류상으로 이혼을 해야 한다고 했죠. 엄마는 돈 받으러 오는 사람들 때문에 도망을 다니셨던 것 같아요. 그러다가…… 소식이 끊어졌어요. 하루하루가 너무 고통스러웠어요. 아빠는 매일 술을 드시고 우셨어요. 그런 저를 많

이 위로해준 친구가 있었는데 '잘 노는' 아이였어요. 그 친구와 사귀면서 호기심에 시작한 일들이 어느새 빠져 나갈 수 없는 올가미에 저를 가둬버렸어요. 소심하고 친구가 없던 제게 다가온 친구는 정말 저에게 잘 해줬어요. 그리고 제 형편이 너무 어려운 걸 알고, 시급 많이 받는 아르바이트를 소개해주는 오빠들을 만나게 해주겠다고 했어요. 그 친구를 통해서 고등학생 오빠들을 알게 되고 시키는 대로 하다 보니…… 저는 어느새 쓰레기 같은 삶을 살게 되었어요.

가끔 편의점에서 담배를 훔치고 골목에서 돈을 빼앗고 가출하고 돈 떨어지면 모텔에서 오빠들이 주선한 아저씨들을 만나고…… '질톡', '앙톡' 같은 성매매 어플이 생긴 후에는 저 같은 중딩들도 마음만 먹으면 하룻밤에 열탕도 뛸 수 있었어요. 보통 15만 원을 받으면 오빠들이 50%, 제가 50% 나누어 가져요. 몸은…… 만신창이가 되었어요.

제 죄명이요? 절도, 강도, 성매매, 성매매 알선…… 저는 어쩌다가 여기까지 오게 된 걸까요? 저는 10호 처분을 받고 소년원에서 2년을 보내야 합니다. 부모님은 접견도 오지 않으십니다. 원망하지 않아요. 부모님이 받았을 상처도 제가 위로해 드리고 싶어요…… 지금 저는 이곳에서 1년을 지냈어요. 중등 검정고시를 준비하고 있어요. 다시 공부에 재미가 붙었고, 이곳 선생님들께도 사랑을 받고 있습니다.

1년 후에는 세상으로 나갑니다. 고등학교에 입학하고 싶어요. 그런데, 두렵습니다. 제가 다시 예전으로 돌아갈 수 있을까요? 평범한 고등학생으로 살아갈 수 있을까요? 저는 공부해서 사회복지학과에 가고 싶어요. 가출 청소년, 성매매 유경험 청소년들을 보호하고 사회복귀를 돕는 선생님이 되고 싶어요. 하지만…… 세상이 저를 바라보는 시선은 차갑겠지요…… 제가 견뎌낼 수 있을까요? 힘든 현실로부터 도망치려고 하다 보니 시궁창에 빠지고, 이제는 현실로 돌아가는 게 소원이 되었어요. 지난 시간이 꿈을 꾼 것이라면 좋겠습니다. 선생님…… 제가 예전의 삶으로 돌아갈 수 있을까요…… 제 인생, 이미 늦은 건 아닐까요? (16세, 소명이가 소년원에서 보내온 편지)

소명아. 나에게 고백해주어서 정말 고마워. 너의 이야기를 들려줘서 고마워. 내가 너에게 편지를 쓸 수 있는 기회를 주어서 정말 고마워. 나는 너의 편지를 읽고 큰 감동을 받았어. 내가 소년원 아이들을 오랫동안 만나왔지만 '변하겠다'는 의지가 너처럼 강한 아이는 처음 보았어.

굳센 의지를 다지며 구체적인 미래의 꿈을 꾸는 아이는 처음 보았어. 이것만으로도 너는 지금 현재를 훌륭하게 잘 살아내고 있는 거야.

소명아. 네가 가출하기 전에, 도움을 청할 어른이 한 명이라도 있었다면 네가 마음을 잡을 수도 있었을 텐데……. 그분께 너의 가정사와 너의 고통을 털어놓고 위로받고 도움을 받을 수 있었다면 네가 그 오빠들을 만나지 않았을 텐데……. 그런 어른이 되어주지 못해서 미안하고 어른들을 대표해서 너에게 사과하고 싶구나.

부모님도 소명이를 보살펴주지 못하셨구나. 엄마도, 아빠도…… 현실이 너무 힘들다 보니 소명이를 챙기지 못하셨구나……. 그런 부모님을 원망하지 않는 너의 마음도 참 기특하다. 소명아! 지난 일들은 과거고, 이미 다 지나갔어. 이제 우리에겐 오늘과 내일만 있다. 수시로 과거의 일들이 떠올라서 힘들지? 이제 소명이는 새사람이 되었고, 이제 과거와도 잘 이별해야 해. 공자가 쓴 『논어』에 이런 문장이 있어.

과즉물탄개過則勿憚改

잘못했다면 즉시 고쳐라. 고치기를 꺼리지 말라는 뜻이야. 잘못하고도 고치지 않는 것이야말로 잘못이라는 거야.

잘못을 알지도 못한 채 계속 잘못을 되풀이하며 사는 사람이 있는가 하면, 잘못을 깨닫고 즉시 고친 후 더 훌륭한 삶을 사는 사람이 있어. 너는 후자야. 깨달았으니 이제 즉시 고치고 되풀이하지 않으면 된다. 『논어』에는 이런 구절도 있어.

"태어나면서 아는 자는 최고요, 배워서 아는 자는 다음이요, 겪고 나서야 그것을 배우는 자는 그 다음이요, 겪고 나서도 배우려 하지 않으면 사람으로서 최하가 된다."

겪고 나서도 배우려 하지 않는 사람들이 많은데, 소명이는 겪고 나서 크게 깨닫고 새로 태어난 사람이니까 나는 너를 칭찬하고 싶다.

너의 아픔을 거름으로 삼아 이다음에 사회복지사가 되어 위기 청소년들을 돌보는 일을 하게 된다면, 너보다 훌륭한 선생님은 없을 거야. 나와 같은 실수를 저지르고, 인생의 상처와 아픔이 많은 선배가 따뜻하게 손을 잡고 이렇게 말해준다면 기분이 어떨까?

"나도 그랬어. 너처럼 방황한 시절이 있었어. 그런데 이제는 잘 극복해 내고 나 같은 청소년들에게 희망이 되어주고 싶어. 내가 손을 잡아줄게. 우리 다시 시작해보지 않을래? 내가 도와줄게."

어때? 실수와 아픔이 많은 청소년들에게 희망의 불꽃이 되어줄 수 있을 것 같지?

너는 그런 사람이 될 수 있어. 부탁할게. 꼭 그런 사람이 되어줘. 20년 후에는 소년원에 강사로 가서, 아이들에게 희망을 실체를 보여주길 바란다. 소년원 강당, 무대 위에 서서 아이들을 대상으로 강의하는 너의 모습을 상상해봐. 어때? 가슴이 뛰지 않니?

너의 예상대로 세상의 시선은 차가울 수도 있어. '저 아이 소년원 갔다 왔대' 색안경을 쓰고 너를 바라볼 수도 있어. 하지만 이겨내야 한다. 그래야 너의 꿈을 이룰 수 있어. **남들이 뭐라고 하든, 너 자신이 너를 믿고 사랑해야 한다.** 그래야 네가 **꿈꾸는** 일들을 현실로 만들 수 있고, 부모님도 다시 만날 수 있어. 소명이가 굳건하게 바로 서면 소명이 아버지도 다시 일어서시고 엄마도 다시 찾을 수 있을지도 몰라. 꼭 그렇게 되리라 믿는다.

이 성 친 구 와 성 관 계······
불 안 할 때 보 세 요

> 남자친구를 사귄 지 6개월이 되었어요. 저와 남자친구는 올
> 해 고3이 되었고, 학교 동아리에서 만났어요. 저희 둘 다 성적
> 도 괜찮은 편이고 학교에서는 모범생이라 불려요. 저희는 서
> 로 많이 좋아해요. 남친은 어릴 때 부모님이 이혼하시고, 어
> 머니랑 같이 살았대요. 남친 어머니는 사업을 하시는데 아주
> 바쁘세요. 늘 혼자 외로웠다고 해요. 그래서 우리가 사귀게
> 되었을 때 저에게 너무나 많은 의지를 했어요. 저도 누나처
> 럼 안아주고 싶었고 함께 있는 게 좋았어요. 저희는 함께 공
> 부하고 서로에게 도움을 주며 정말 건강하게 잘 사귀고 있었
> 어요. 함께 있는 시간이 길다 보니 스킨십도 많이 하게 되었

죠. 주로 남자친구 집에서요. 어머니가 늦게 들어오시거나 해외 출장도 많으시거든요. 같이 공부도 열심히 했어요. 그런데 같이 지내는 시간이 많아지다 보니…… 지난달에 잠자리를 하게 되었어요. 둘 다 처음이라 죄책감도 들었고, 아무리 좋아하는 사이라 하더라도 이건 아닌 것 같다는 생각도 들었지만…… 아무튼 그렇게 돼버렸어요. 너무 따뜻하기도 했지만 불안했어요. 처음 그 일이 있은 뒤에 서로 같은 마음인지라, 2주일 동안 안 만나기도 했어요. '대학 가서 만나자'고 약속도 해보았지만 서로 너무 보고 싶어서 우리는 다시 만나고, 예전처럼 같이 있는 시간이 많았어요. 그러다 보니 그 후로도 3~4번 같이 잤어요. 그런데 저희 둘 다 불안한 마음과 죄책감이 느껴지는 건 여전해요. 그런데 떨어져 지내는 건 둘 다 힘들어요. 저희는 서로를 진심으로 아끼고 사랑하고 있습니다. 그런데…… 큰 고민이 생겼어요. 남친이 사정은 안 하거나 질 안에 하지 않겠다고 약속했는데, 어제는 실수로 안에다 해버렸어요. 남친이 너무나 미안해했고, 저는 아주 많이 씻었지만 너무 불안하고 무서워요. 이 문제로 둘이서 자꾸 싸우게 돼요. 사후피임약을 같이 검색했는데 산부인과에 가서 처방전을 받아야 한대요. 그런데 제가 병원에 가면 우리 부모님이 아시게 되잖아요? 계산을 해보니 배란기와 겹친 것 같기도 한데 제가 생리가 워낙 불순해서 아직까지 알 길이 없어요. 저희 둘 다 너무 불안해서 요즘 공부가 안 돼요. 어떡하면 좋을까요? 저희는 정말 사랑하는 사이입니다. 결혼할 거고요. 불량 청소년 취급은 말아주세요. 우리가 저지른 일이지만…… 시간을 되돌리고 싶습니다…… 제 몸에 대해서 너무 책임감 없었던 저에게 미안해요. (19세, 여은)

여은아. 많이 불안했겠다…… 잠도 잘 못자고 제대로 먹지도 못하고 있는 건 아닌지 걱정되는구나. 무엇보다 마음이 얼마나 힘들까…… 19세. 너희 둘은 청소년이기보다 성인에 가깝지. 진심으로 서로를 사랑하고 있다는 말이 나에게도 진지하게 전해졌으니 걱정하지 마. 나도 너희들 나이 때 깊은 사랑에 빠져 보았었고, 그때의 일기를 읽어보면 내가 사랑에 있어서 이때처럼 순수하고 진지했던 적이 있을까 싶단다. 다만 이런 불안한 일이 일어나지 않았다면 예쁜 사랑을 더 잘 가꾸어 나갈 수 있었을 텐데, 불안하고 두려운 일이 생기게 되어 둘이서도 싸우게 되었다니 걱정이 되는구나.

사랑하면 같이 있고 싶고 같이 있다 보면 스킨십이 하고 싶은 건 당연한 일이야. 그런데 '임신 가능성'을 고려하지 않으면 나의 몸도 마음도 큰 상처를 입게 되고, 이런 일로 인해서 두 사람의 사랑에 금이 가는 일들이 생기기도 하지. 그래서 몸으로 관계를 맺는 일은 정말 신중해야 하는 것 같아.

임신이라는 것은 한 생명이 태어나는 경외로운 일이지만 그

생명을 책임져야 하는 행위가 함께 이뤄져야 하기 때문에 많은 계획이 필요하단다. 만약 계획하지 않은 임신을 하게 될 경우엔 엄청난 대가를 치러야 할지도 몰라. 그래서 사전에 많은 대화를 하고, 대비를 해야 한단다. 만에 하나 임신이 되고, 도저히 낳을 수 없는 상황이라면 '임신 중절'을 고려하는 사람들도 있는데, 임신 중절 수술은 합법, 불법을 떠나서 여성의 건강에 치명적이야. 그래서 우리는 미리 예방하고 조심해야 해. 그게 소중한 내 몸에 대한 예의니까.

그러므로 원치 않는 임신을 방지하기 위해서는 만에 하나 임신이 되더라도 책임질 수 있는 상황이 갖추어졌을 때 관계를 갖는 게 좋을 것 같아. 여은이와 남친이 서로 정말 사랑하지만, 관계를 맺을 때마다 알 수 없는 불안함과 죄책감이 든 건 그것 때문이었을 거야. 둘이 합의 하에 꼭 관계를 맺고 싶어서 하게 되는 경우라면 반드시 피임기구(콘돔)를 사용해야 해. 나의 몸과 마음을 지켜주고 소중하게 생각하는 남자가 아니라면 우리는 성관계를 거부할 수 있어야 하고!

만약 불가피하게 피임을 미리 준비하지 못한 경우에는 관계 이후 72시간 안에 사후피임약을 복용해야 해. 사후피임약은 이 약의 성분인 프로게스테론이 인위적으로 자궁벽에 변화를 주어 수정란의 착상을 방해해 임신을 막아주는 원리란다. 임신을 막을 수는 있지만 간혹 어지러움, 구토, 복통 등의 부작용은 물론 생리 불순, 생리통, 질 출혈 등의 신체 증상이 나타날 수 있어. 만약 사후피임약 복용 후 3시간 내에 구토를 했다면 사후피임약의 효과를 볼 수 없으므로 다시 복용해야 해. 사후피임약은 약에 따라 복용법이 다를 수 있으며, 전문의약품이기 때문에 반드시 산부인과에서 충분한 상담을 통해 처방받아 복용해야 하고, 본인이 직접 가지 않더라도 남자친구가 산부인과에 가서 처방받을 수도 있고.

여은아, 많이 불안하다면 72시간이 지나기 전에 용기를 내야 해. 여은이가 직접 산부인과에 가도 되고 혼자 도저히 못 가겠다면 어머니께 말해야 해. 그게 너무 힘들다면 믿을 수 있는 여자 어른 한 명에게 도움을 청해보면 어떨까?

'제 몸에 대해서 너무 책임감 없었던 저에게 미안해요.' 여은이의 마지막 문장이 내 가슴에 깊이 와닿는구나. 그래. 우리가 조금만 더 신중해서 내 몸에 조금만 더 책임감을 가지고 살면 얼마나 좋을까? 예방할 수 있는 아픔을 예방하지 못하면 내 몸과 마음이 오랜 시간 아픔을 겪어야 하니까, 나 자신에게 너무 미안해지는 것 같아.

여은아, **반드시 어른의 도움이 필요할 때가 있어. 그땐 용기 내서 손을 잡아야 한다.** 그래야 더 큰 일을 예방할 수 있어. 알겠지? 나는 10년 전에, 정말 예뻐했던 고2 여학생이 임신 7개월이 되어서야 나에게 도와달라고 찾아왔던 그날을 잊을 수 없어. 나도 그 부모님도 전혀 눈치채지 못했었거든······. 그 아이도 공부를 열심히 하는 모범생이었기에 누구도 예상하지 못한 일이었어. 남친과 헤어진 후에 임신 사실을 알았고, 너무 무서워서 아무에게도 말할 수가 없었다고 하더라고……. 나는 그 아이를 설득해서 부모님께 알리고 대책을 마련하려 애썼지만, 임신 7개월엔 아이를 낳는 방법 외엔 내가 도울 수 있는 게 하나도 없어서 절망스러웠단다.

그 아이는 결국 학교를 그만두었고, 지방으로 이사를 갔고…… 나와도 연락을 끊어버렸어. 7개월이라 중절 수술도 할 수 없어서 그 아이를 낳았고, 부모님이 아이를 해외로 입양 보냈다는 소문을 훗날 듣기는 했는데 지금도 내게 큰 아픔으로 남아 있어. 나는 그 아이가 빨리 손을 내밀 수 있는 어른이 되어주지 못했을까…… 아무런 도움을 줄 수 없는 어른일 뿐이었구나…… 하는 죄책감 때문에 지금도 힘들 때가 많아.

여은아, 이미 일어난 일이니 지혜롭게 잘 대처를 하자. 지금은 어른의 도움이 필요한 때인 것 같아. 너무 불안하고 두려운데 도움 청할 어른이 없으면 나에게 연락하렴.

어린 시절 당한 성폭행의 상처를 잊을 수 없어요

> 1년차, 중학교 국어교사입니다. 저는 중학교 시절 성폭행을 당한 피해자입니다. 모르는 남자에게 깜깜한 어둠 속에서 심한 폭행과 더불어 강간을 당했고, 잊을 수 없는 상처와 트라우마를 남겼습니다. 지금도 깜깜한 어둠을 견디기 힘듭니다. 혼자 밤길을 걷지 못합니다. 그때 남은 얼굴 흉터가 지금도 제 눈에는 피투성이로 보입니다. 부모님은 제가 그 일을 덮어두고, 잊고 살기를 원하셨습니다. 딸이 그런 일을 당한 것을 수치스럽게 생각하셨고 본인들에게도 상처였기에 제가 말도 꺼내지 못하게 하셨습니다. 그것이 가장 큰 저의 상처였고, 해결되지 못한 상처입니다…… 저 자신을 사랑하는 마음이 없어졌어요. 부모님에게 제

자신이 '불운의 상징'이라는 점이 고통스러워, 자살을 시도한 적도 두 번 있습니다. 제 인생은 어디서부터 잘못된 것일까요? 그저 교사가 되고 싶었고, 꿈을 이룬 지금도 자존감 없는 제가 아이들 앞에 서는 게 미안합니다. 더 밝은 모습으로 아이들 앞에 서지 못해서 미안합니다. 처음으로 제 상처를 입 밖으로 꺼내봅니다. 이젠 회복하고 싶습니다. 제발…… 살고 싶습니다. (어느 선생님의 고민)

선생님…… 얼마나 힘드셨어요? 저였다면 공부도 인생도 다 놓아버렸을 거예요. 선생님은 누구보다도 강한 사람이에요. 자신을 사랑하는 사람이기에 오늘, 여기까지 오신 거예요. 어린 소녀가 스스로 감당할 수 없는 일을 겪었을 때, 가장 가까운 부모님조차 어루만져주지 못했는데도, 고통 속에서도 인생을 어쩜 이렇게 잘 가꾸셨어요?

더구나 청소년들을 가르치는 교사가 되셨다니 선생님의 인생이 너무나 귀하게 느껴집니다. 그 힘든 청소년기를 혼자 겪어내고, 죽지 않고 살아주어서 너무나 고마워요. 그 힘으로 청소년들의 손을 잡아주기 위해 교사가 되어줘서 더 고마워요. 아이들 앞에서 더 밝게 웃어주지 못해서 미안하다는 선생님의 마음이 너무 고마워서 눈물이 납니다. 아이들을 진심으로 사랑하는 귀한 선생님을 제가 만났네요.

그리고…… 그 아픔을 용기 내 말해주어서 고마워요. 선생님 마음속에선 이미 치유가 일어나고 있는 거예요. 나의 상처와 아픔을 고백하고 도움을 청할 때, 이미 치유는 시작된 거랍니다. 이제 그 아픔을 직면합시다. 선생님 잘못이 아닙니다. 밤길을 혼자 걸은 것, 당신 잘못이 아닙니다. 모르는 남자에게 심한 폭행을 당한 것도 당신 잘못이 아닙니다. 그날 밤에 일어난 사건에서 당신 잘못은 하나도 없습니다.

당신은 보호받아야 했으나 보호받지 못했고, 위로받고 치료받아야 했으나 오히려 침묵을 강요당했습니다. 완벽한 피해자입니다. 위로하고 안아주지 않으시고 수치스럽게 생각하고 침묵을 강요했던 부모님에 대한 원망이 얼마나 컸을까요? 어둠 속에서 일어난 사건보다 가까운 사람들의 반응이 우리에겐 더 큰 상처가 되지요…… 이런 피해를 입은 여성들을 상담해보면, 많은 부모님들이 침묵을 강요하며 2차, 3차로 마음에 상해를 입힙니다.

그 부모님을 상담해보면, 일어난 사건을 덮고 은폐하면 자녀의 기억, 가족들의 기억에서도 잊혀질 것이라고 믿는 분들이 많으시더라고요…… 내 자식의 기억에서 지워주고 싶어서 그랬다고…… 은폐하지 않고 상처를 마주하고 가족의 위로와 보살핌으로 치유해나가야 한다는 것을 몰라서 그랬다고 하시더라고요…… 무엇보다 본인들도 그 고통과 다시 마주하기가 두려웠다고…… 선생님 부모님도 그랬을 것 같아요.

부모님을 용서하려고 너무 애쓰지도 마세요. 선생님이 과거의 고통으로부터 자유로워지면, 주변인들에 대한 용서는 자연스럽게 이루어질 것이니까요. 지금은 오로지 '나'에게만 집중하세요. 너무 큰 고통을 혼자 감당하느라 힘들었던 나를 위로하고, 아직도 혼자 울고 있는 어린 나에게 '이제 좀 괜찮아?' 물어주기도 하고, 그 힘든 과정 속에서도 공부를 놓지 않고, 교사가 되겠다는 꿈을 이루어 낸 나에게 '참 잘했어' 칭찬도 해주고요. 선생님이 제 옆에 계시다면, 저는 꼭 안아주고 같이 울어주고 싶어요. 당신이 얼마나 예쁘고 귀하고 대단한 사람인지 말해주고 싶어요.

매일 거울을 보면서 나를 칭찬해주세요. 있는 그대로의 내 모습이 정말 예뻐 보이는 날이 곧 올 겁니다. 당신이 청소년들을 가르치는 교사가 돼줘서 너무나 고맙습니다. 당신은 '불운의 상징'이 아니라, '희망의 상징'입니다. 선생님이야말로 상처 많은 아이들을 진심으로 뜨겁게 안아줄 수 있는 분이니까요!

"나에게 집중하면 길이 열린다"

2014년 여름, 독일 베를린에서 첫 만남

방탄소년단 '우리는 우리 자신을 사랑하는 법을 배웠습니다'

"너 자신한테 귀를 기울여"

방탄소년단, 사랑해요! 프랑스로 오세요! 프랑스에서, 스웨덴에서, 폴란드에서 왔다는 소녀들이 신문을 깔고 앉아서 노래를 부르고 있었어. 맨 앞줄에서 공연을 보기 위해 하루 전에 베를린에 와서 노숙을 했다는 소녀들은 피곤한 기색이 전혀 없고 파란 눈의 소녀들이 귀에 익은 사투리로 노래를 부르는 이곳, 여기는 도대체 어딘가.

공연장 '헉슬리의 신세계'에서 만난 K-팝

2014년 7월 27일 독일 베를린, 35도를 웃도는 뜨거운 한낮. 10대 후반에서 20대 초반으로 보이는 유럽의 소녀 천여 명이 아침부터 긴 줄을 지어 서 있었어. 그 대열에 함께 서서 소녀들의 대화를 엿듣기 시작했어. 딸을 보호하고자 함께 온 듯한 중년 남성도 여러 명 눈에 띄었어. 두 딸을 데리고 온 얀 폴큰(폴란드, 50세)은 BTS(방탄소년단) 로고가 새겨진 티셔츠를 입고 있었고, 존 비디아오(스웨덴, 48세)는 딸 안나 후안(스웨덴, 15세)이 만든 피켓을 들고 서 있었어. '방탄소년단, 사랑해요! 스웨덴에 오세요!'

서울 강원부터 경상도 충청도부터 전라도
마마 머라카노! (What!) 마마 머라카노! (What!)
오늘은 사투리 랩으로 머시마, 가시나 신경 쓰지 말고 한 번 놀아봅시더
거시기 여러분 모두 안녕들 하셨지라
오메 뭐시여! 요 물땜시 랩 하컷띠야?
아재 아짐들도 거가 박혀 있지 말고 나와서 즐겨! 싹다 잡아불자고잉!
경상도 사투리는 남자라면 쓰고 싶게 만들어
전라도 말들은 너무나 친근해
Why keep fighting 결국 같은 한국말들
말 다 통하잖아? 문산부터 마라도

−BTS 〈팔도강산〉

힙합 아이돌 그룹인 '방탄소년단'이 부른 〈팔도강산〉의 일부야. 처음부터 끝까지 걸쭉한 토속 사투리로 부르는 이 노래는 한국인도 집중해서 들어야만 가사를 이해할 수 있을 것 같아. 그런데 소녀들은 춤까지 춰가며 〈팔도강산〉을 부르다니! 파지아(프랑스, 20세)와 마이라(독일, 19세)에게 물었어.

"방탄소년단이 좋아서 한국어를 배웠어요. 한국 드라마를 보면서요. 방탄은 노래를 정말 잘해요."

"이 노래는 사투리여서 내용이 잘 이해되지 않지만, 발음이 무척 신기하고 재미있어서 엄청 신나요!"

그러고 보니 가사와 딱 맞아 떨어지네.

"신경 쓰지 말고 한 번 놀아봅시데! 말 다 통하잖아?"

7명의 청년들, 힙합으로 유럽을 장악하다

대학은 걱정 마. 멀리라도 갈 거니까
알았어, 엄마. 지금 독서실 간다니까

네가 꿈꿔 온 네 모습이 뭐야?
지금 네 거울 속엔 누가 보여, I gotta say
너의 길을 가라고 단 하루를 살아도
뭐라도 하라고 나약함은 담아 둬

지겨운 same day, 반복되는 매일에
어른들과 부모님은 틀에 박힌 꿈을 주입해
장래희망 넘버원…… 공무원?
강요된 꿈은 아냐, 9회말 구원투수
시간 낭비인 야자에 돌직구를 날려
지옥 같은 사회에 반항해, 꿈을 특별 사면
자신에게 물어봐 네 꿈의 profile
억압만 받던 인생 네 삶의 주어가 되어봐

살아가는 법을 몰라 날아가는 법을 몰라
결정하는 법을 몰라 이젠 꿈꾸는 법도 몰라

제발 강요하진 말아줘
네 꿈이 뭐니 네 꿈이 뭐니 뭐니
고작 이거니 고작 이거니 거니
To all the youngsters without dreams

— BTS 〈No More Dream〉

방탄소년단이 랩을 부르며 공연이 시작되자 소녀들의 함성이
터져 나왔어.

"방탄, 방탄, 오빠, 오빠!"

첫 노래가 끝나기도 전에 3명의 소녀가 울다가 실신했고, 스태
프들이 그들을 기자석으로 부축해왔어. 덩달아 내 정신도 혼미해

방탄소년단 공연을 보러 폴란드에서 날아온 소녀 팬들

질 지경이었어. 팬미팅이라고 하기엔 규모가 컸어. 7명의 방탄소
년단, 대한민국의 청년들이 베를린을 힙합으로 장악하는 현장에
내가 서 있는 거야.

　공연장 이름에 큰 의미를 부여하는 건 과한 해석일까. 탁월한
풍자 가사에 매력을 느낀 나로서는 '헉슬리의 신세계'에서 유럽 첫
공연을 올린다는 사실 자체가 감격스러웠어. 영국 소설가 올더스
헉슬리의 소설 『멋진 신세계』는 미래 사회를 예견하는 날카로운
풍자 소설이야. 방탄소년단의 노래가 주는 메시지와 공연장의 이
름은 참으로 잘 어울렸어.

세계 인구의 0.7%, 한국에서 일으킨 파문 '한류'

입장하기 전에 만난 소녀 예뤼(스페인, 17세)에게 한국 아이돌 그룹이 좋은 이유에 대해서 물었어.

"방탄소년단이 어느 나라 사람인지는 중요하지 않아요. 방탄이 좋아서 한국도 좋아하게 됐어요. 한국에 정말 가보고 싶어요."

방탄소년단은 2013년에 데뷔한 신생 그룹이라 아직 국내에서는 인지도가 높지 않았지만, 그럼에도 불구하고 그들은 해외에서 주목받고 있었어. 2013년 12월 태국 〈채널7〉이 주최한 '쩻시 콘서트'(7color concert)에 초청받았을 당시 8천여 명의 팬이 운집해서 공연은 대성황이었어.

방탄소년단이 좋아서 한국을 좋아하게 되었고 한국에 오고 싶다는 말에 우리는 귀 기울여야 해. 한국과 수교를 맺은 나라보다 한류 전파국이 더 많아. 우리가 모르는 사이, 한국의 대중문화는 전 세계에서 소비되고 있는 거야. 상품과 문화를 동시에 수출해서 성공한 나라는 전 세계에서 미국, 프랑스, 독일, 일본, 한국 5개국밖에 없어. 한 국가의 문화가 전쟁이나 제국주의의 힘을 업지 않고 전 세계로 퍼져나간 사례는 드물거든. 〈난타〉는 칼 네 자루로 10년간 3천억 원의 외화를 벌어들였으며, 애니메이션 〈뽀로로〉의 연간 매출은 중형 승용차인 쏘나타 3만 대를 수출하는 효과와 동일하단다.

한국의 TV 드라마가 아시아와 남미, 중동, 아프리카에서 인기를 얻고 있다면, K-팝은 유럽과 미국 등 한국 드라마가 소비되지 않는 지역까지 포함한 세계 전역에서 인기를 얻고 있어.

최근 K-팝에 대한 논문을 영국 학술대회에서 발표한 대중문화 연구학자 우테 펜들러(독일 바이로이트대학교 교수)에게 방탄소년단을 어떻게 평가하는지 물었어.

"K-팝은 무척 흥미롭습니다. 얼굴은 어려 보이는데 그들의 힙합 실력은 놀라워요. 가사도 주목할 만합니다. 꿈에 대해서 얘기하죠. 자신의 개성을 억누르는 제도에 대해 거부하고 그런 사회를 비판하고 의지를 가지고 능동적인 주체로 설 것을 요구합니다. 이런 가사는 어느 문화권에서나 좋아하지요. 방탄소년단의 뮤직비디오를 수십 번은 봤어요. 뮤직비디오의 스토리텔링이 가사·안무와 밀접하게 잘 연결되어 있어서 인상적입니다. 아직 나이가 어린데 가사도 직접 쓰고 안무와 뮤직비디오 작업에도 가수들이 직접 참여한다고 하니 앞으로의 행보가 기대되는 그룹입니다."

방탄소년단의 어떤 점이 눈에 띄는지, 해외에서도 인기를 얻는 이유는 무엇인지를 묻고 또 물었어.

"많은 뮤직비디오들은 가수들이 카메라 앞에서 퍼포먼스를 보여주는 정도입니다. 그건 특별하지 않아요. 하지만 몇몇 그룹의 뮤직비디오는 영화적 미학을 잘 이용하고 있어요. 이러한 뮤직비디오는 아티스트로서 의미 있는 스토리텔링을 만들어내고 있어요. 미국의 보이 그룹은 1990년대에 큰 성공을 거두었습니다. 현재는 전무해요. 또 미국에서 힙합이 시작되었고 여전히 힙합을 좋아하죠. 마치 흑인처럼 랩을 잘하고 춤 또한 잘 추는 한국의 보이 그룹은 당연히 인기가 많을 수밖에요. 또한 세련되고 개성 있는 스타일과 의상, 수준 높은 무대 연출은 방탄의 핵심적인 매력입니다. 특히 미국의 음악 시장이 이런 매력을 가장 흥미롭게 봅니다. 인기를 얻는 데 어떠한 장벽도 없어요. 뮤직비디오 또한 확실히 다른 나라의 뮤직비디오와 다릅니다. 완벽한 설계를 하고 움직이는 것 같아요. 이름, 팬클럽, 컴백 시기, 콘서트, 포토북, 팬미팅 등이 하나의 패키지입니다. 공연도 거의 완벽합니다. 안무는 고난이도의 춤동작을 보여주고 가수들은 세련된 스타일로 모든 걸 소화합니다. 아무튼 우리는 그들의 종합적인 연출력에 놀라고 있어요. 계속 확장될 거예요. 금방 식을 일시적 현상이 아닙니다."

방탄소년단의 팬인 마이라(독일, 19세)와 공연장에서 나눈 대화도 기억에 남는단다.

"방탄소년단은 세계의 다른 힙합 그룹과 비교할 때 실력이 매우 탄탄한 거 같아요. 뮤직비디오를 보지 않고 노래만 들었을 때, 저는 그들이 흑인 힙합 그룹인 줄 알았어요. 춤도 잘 추지만 노래 실력이 정말 뛰어나요. 엔터테이너가 아닌 아티스트! 연습을 정말

방탄소년단 공연을 보기 위해 길게 줄지어 서 있는 팬들

많이 하는 것 같아요."

방탄소년단의 힙합 음악이 갖고 있는 강렬한 비트가 외국인들의 마음을 사로잡았어. K-팝은 역시 퍼포먼스가 강점이야. 엄청난 연습을 통해 완성되었을 방탄소년단의 '칼군무'는 K-팝 중에서도 눈에 띄지 않니?

문화콘텐츠를 잘 만들어서 해외에 수출하는 일은 국가 이미지를 창조하는 데 있어서 가장 효과적이야. 그러나 현재는 인프라 구축이 안 돼 있어. 공연예술 분야는 관객이 얼마나 들었는지 통합전

산망도 갖추어져 있지 않아. 문화부문 예산은 정부 예산의 1.1%밖에 안 되며, 체육 분야를 빼면 0.5%에 불과해.

K-팝 그룹 B.A.P의 경우 2013년 4월에 열린 'B.A.P 라이브 온 어스 퍼시픽 투어' 미국 공연 티켓 1만 장이 1시간 만에 매진됐어. 동시 접속자 수가 폭주해서 서버가 마비됐으며 5분 만에 매진된 VIP 티켓은 경매 사이트에서 가격이 4배 이상 치솟았어. 티켓을 구하지 못한 팬들이 공연장 변경 서명운동을 벌이기도 했어. 표를 사지 못한 토론토의 팬들은 커뮤니티 센터를 빌려서 B.A.P 영상 콘서트를 단독으로 열기도 했어. 한국에서 모르는 놀라운 일들이 세계 곳곳에서 이미 벌어지고 있어.

영국은 1997년 경제위기 때 문화산업을 창조하는 데 집중했어. 웨스트엔드 뮤지컬도 그때 탄생했어. 국민 GDP는 10년 후에 2배가 넘게 증가했어. 한류는 지금 최대 번성기이지만, 생명력이 짧을 것이라는 우려도 만만찮게 있어. 국가 차원의 지원이나 체계적인 노력은 매우 미흡한 실정이고. 이런 시점에 베를린에서 만난 K-팝의 열기는 우리에게 시사하는 바가 크단다.

여러분은 애국자, 고마워요 방탄소년단!

90분의 공연이 끝난 뒤, 대기실에서 7명의 청년들을 만났어. 선물 받은 독일 초콜릿을 들고 마냥 기뻐하는 순하고 맑은 미소를 지닌 그들이 인터뷰를 기다리고 있었어.

아이돌 그룹은 왠지 반항적일 것 같다는 생각을 나는 어쩌다 갖게 된 걸까. 무대 위에서 강렬한 카리스마를 내뿜으며 천여 명의 외국인 관중들을 사로잡던 그들은 고민 많고 꿈 많은 20대 초반의 평범한 청년들이었어.

Q 경쟁자가 있다면 누군가요? 나에게 힙합이란 무엇이죠? 이 정도로 춤추고 노래하려면 하루 몇 시간을 투자해야 해요?

RM 경쟁자요? 저희 자신이 경쟁자예요. 현재의 우리를 넘어서야죠. 힙합은 우리에게 공기이자 옷이며, 우리를 표현할 수 있는 모든 것입니다. 저희는 힙합과 함께 숨 쉬면서 무엇이든 될 수 있고 할 수 있습니다. 자신이 정말 좋아하는 일이라면 공기이자, 옷이자, 나의 모든 것이라고 생각하는 경지에 이르러야 해요. '나를 표현할 수 있는 모든 것'인 그 일과 함께 24시간, 내가 잠자고 있을 때에도 함께 숨 쉴 수 있어야 한다고 생각해요.

Q 가사만 읽어도 정말 공감이 되고 눈을 감고 들으면 노래에 빠져들고 눈을 뜨고 보면 정신없이 빠져들어요.

슈가 10대들이 들을 음악이 없어요. 10대부터 누구든지, 공감할 수 있는 음악을 만들고 싶습니다.

Q 여러분들의 데뷔곡, 〈No More Dream〉은 가사가 정말 좋아요. 나도 모르게 고딩 때로 돌아가게 되더라고요. 독일 애들이 '야자' 가 뭐냐고 물어서 설명하는데 오래 걸렸어요. 한국만의 독특한 문화이기도 하고, 아이들에게 꿈을 강요하고 공무원이 되라고 주입하는 것도 외국 사람들이 이해할 수 없는 한국의 특수한 현상이죠. 그런데도 외국 애들이 이 노래 좋대요. '네 꿈은 뭐니?' 방탄의 노래는 의미 있는 질문을 던진대요. 그래서 좋대요. 지옥 같은 사회에 반항해보라고, 억압만 받던 인생, 네 삶의 주어가 되어보라고, 너의 길을 가라고⋯⋯ 가사 하나하나가 정말 가슴을 파고 들어와요.

슈가 가사 하나하나 우리들의 것이죠. 우리 이야기이자, 너의 이야기. 그래서 공감대가 넓은 거 같아요.

Q 주제도 정말 다양해요. 진정한 소통이란 무엇인가? 스마트폰에 중독된 우리들에게 질문도 던지죠.

핸드폰 좀 꺼줄래? 모두가 스마트하다지만, 우린 점점 멍청해지잖아
핸드폰 좀 꺼줄래? 얼굴 보고 멘션 날려
좋아요는 난 필요 없어
화장실 간단 말까지 넌 폰으로 해. 그리곤 센스 있다는 듯 살짜쿵 웃네
난 전혀 안 웃겨. 몇 달 만에 본 너
정보화 시대야. 알다시피 대한민국 인구, 절반 이상이

스마트한 21세기 얼굴 보고 얘기하는 건 한물간 먼 나라 얘기

사진 좀 찍지 마라. 내 입맛 떨어져. 또 업뎃하기 바쁘겠지

얼굴책 아님 짹짹이에. 인생은 3D야 내 얼굴 보고 짹짹대

니 배터리 없을 때 우린 충전돼 있겠냐?

가끔 그리워. 서로 얼굴보고 얘기 나눠대던 그때가

소통은 많아졌지만 우리들 사이엔 시끄러운 침묵만

메시지도 셀카도 난 다 필요 없는 걸

난 핸드폰도 음식도 아닌 널 보러 온 걸

야 이건 좀 아니야. 우리가 어떤 사이야? 웃기만 해도 행복했잖아

　　　　　　　　　　　　　　　　—BTS 〈핸드폰 좀 꺼줄래〉

Q 이 가사들이 가벼워 보이지만 그렇지 않거든요. 현대사회의 진정한 소통에 대해 진지한 질문을 경쾌하게 전달하는 노래지요.

슈가　전하고 싶은 메시지를 읽어줘서 고마워요. 우리는 주제를 다 같이 선정하고, RM, 슈가, 제이홉이 주도해서 작사를 합니다. 작곡도 저희가 직접 해요. 각자 써본 다음에 그중에 가장 좋은 것을 뽑아냅니다. 시작부터 끝까지 우리는 다 함께해요.

Q 다 함께 작업하는 거, 쉽지 않은 일인데요.

슈가　좋아하니까요. 음악과 우리는 온전히 하나가 될 수밖에 없어요. 우리 모두의 심장과 머리와 몸과 목소리가 하나가 되는 순간을 즐기는 거예요.

제이홉 저희는 늘 즐겁게 작업합니다. 모두 힙합을 좋아하니까 즐거울 수밖에요. 좋아해야 빠져들 수 있고, 미쳐야 제대로 할 수 있는 것 같아요.

Q 놀랐어요. 여기는 독일 베를린. 노숙을 하며 방탄소년단의 공연을 기다리는 유럽 소녀들을 인터뷰했어요. 여러분들이 그 광경을 못 본 게 아쉬워요. 모든 노래를 다 외워서 따라 해서 나는 너무 놀랐어요. 심지어 전라도 사투리까지…… 기분이 어땠어요?

진 유럽 첫 공연인데 팬들이 많이 와서 저희도 깜짝 놀랐어요. 음악은 언어를 넘어서는 것 같아요. 모두를 연결해주는 신비로운 언어 같아요. 그래서 저희들도 자유롭게 작사-작곡을 할 수 있어요.

Q 맞아요. 언어를 넘어서는 음악. 모두를 연결하는 신비로운 언어예요.

뷔 지구 반대편인데, 팬들이 가사를 다 외우고 따라 불러서 감격했어요. 저도 모르게 울컥했어요. 큰 힘을 얻었어요. 음악의 위력을 실감했어요.

Q 국내보다 해외에서 더 인기가 많아요. 유튜브의 힘이 아주 크죠?

정국 우리 노래를 각 나라의 언어로 번역해주는 팬들이 있어요. 정말 고맙죠. 더 열심히 노래하고 싶은 욕구를 생기게 하는 힘은 팬들이 보내주는 응원과 격려, 사랑인 거 같아요. 진심과 열정은 팬들의 마음도 움직이는 것 같아요. 그래서 대충 할 수가 없어요. 한 순간도.

Q 뮤직비디오의 스토리텔링은 놀라워요. 한류를 연구하는 해외 연구자들도 방탄소년단의 뮤직비디오를 텍스트로 연구할 정도니까. 어떤 점에 가장 애를 쓰고 있나요?

RM 미국이 음악적 스펙트럼이 가장 크고 모든 장르의 음악을 접할 수 있는 곳인데, 미국 팬들의 호응이 가장 큽니다. 무대에서 격렬하게 춤추고 힙합을 하면서도 팝적인 정서가 동시에 있기 때문에 친근함을 느끼는 것 같아요. 저희들은 뮤직비디오의 스토리텔링에 가장 신경을 씁니다. 룸펜스, 자니 브로스 등 국내 최고의 뮤직비디오 제작팀과 함께 작업을 하죠. 음악, 소품, 무대장치, 의상, 모든 게 다 노래의 주제와 맞아떨어지도록 애쓰고 있어요. 그 점에 주목해주세요.

Q 앞으로 방탄소년단의 음악은 어떻게 진화해 나갈까요?

슈가 이제 나이 들어가는 얘기도 하고 싶어요. 나이 먹으면서 할 수 있는 고민들…… 돈, 사랑, 취업 등 언어와 문화를 뛰어넘어서 그런 진정성은 다 소통되는 것 같아요. 언제까지 노래할 수 있을까? 이런 생각은 해본 적이 없어요. 우리들의 모든 것이니까. 생명이고 인생이니까. 우리 나이에 맞게 자연스럽게 진화해 가겠죠. 대중들과 소통하면서요.

RM 5년 뒤의 저희들을 기대해주세요. 그때 또 인터뷰해요.

5년 뒤, 내가 다시 방탄을 만날 수 있을까? 난 〈진격의 방탄〉을 따라 부르면서 엉엉 울었어.

> 우리 스타일은 No More Dream
> 무대 위에서 선배들 등을 밟지 (I'm sorry Man)
> What? What more can I say? 데뷔부터 지금까지 쭉 위로!
> 우리의 고지점령은 시간문제 첫 블럭을 자빠뜨린 도미노
> 그래 자빠뜨려 눈 깜빡 뜨면 우린 무대에서 귀를 잡아끌어
> 이런 감각스런 내 랩의 향연 한 번 맛보면
> 숨 가빠지며 너는 완전 속이 타
> 다 미칠 준비 됐나? 힘껏 뛸 준비 됐나?
> 명치에 힘 빡 주고 단! 젼! 호! 흡!
> 다 미칠 준비 됐나? 힘껏 뛸 준비 됐나? 그렇담 지금부터 소리 질러!
> 우리가 누구? 진격의 방탄소년단! 우리가 누구? 겁 없이 집어삼킨다!
> 우릴 모른다면 제대로 알아둬

이 자신감! 방탄이 방탄에게 하는 약속이자 다짐!

'다 미칠 준비 됐나? 힘껏 뛸 준비 됐나? 명치에 힘 빡 주고 단!

전! 호! 홉! 우리도 미칠 준비 됐어요. 힘껏 뛸 준비 됐고, 지금부터 소리 지를 거야. 진격의 방탄소년단! 겁 없이 집어삼켜요. 이제 방탄을 제대로 알아둘게요.'

조각처럼 잘생겼다고 생각한 그 얼굴들을 가까이서 마주 봤어. 메이크업의 힘이겠지, 생각한 적도 있었는데, 아니! 난 그렇게 반짝이는 눈을 가진 청년들을 본 적이 없었던 것 같아. 나만의 꿈, 내가 찾은 꿈을 향해 미친 듯 진격하는 청년들의 얼굴에서 싱그러운 풀 냄새가 났어. 다음 행선지는 덴마크, 브라질, LA라고 하더군. 그들과의 인터뷰를 마치면서 한 명 한 명, 우리는 뜨겁게 악수했어.

"대한민국을 세계에 알려줘서 고마워요. 여러분은 애국자예요!"

인터뷰를 마치고 나오는 길. 소나기가 쏟아졌어. 수십 명의 소녀들은 여전히 문 앞을 지키고 서 있더군. 파란 눈의 소녀들에게 물었어.

"방탄이 왜 좋아요?"

"최고니까요! 좋으니까요! 그게 이유예요! 우리가 할아버지 할머니들이 되어서도 이렇게 다시 만날 거라 믿어요!"

파란 눈의 소녀들이 '우리가 누구? 진격의 방탄소년단! 우리가 누구? 겁 없이 집어삼킨다!' '우릴 모른다면 제대로 알아둬.' 한국의 노래를 목청껏 따라 부르는, 여기는 베를린!(2014. 7. 27)

2019년, 5년 후의 방탄소년단

우리의 고지점령은 시간 문제! 첫 블럭을 자빠뜨린 도미노를 외치던 방탄

2014년, 베를린에서 방탄소년단을 인터뷰했을 때, 한국 사람들은 대부분 "그룹 이름이 방탄소년단이야? 방탄복 입고 나와서 춤추는 거야? 처음 듣는 이름인데, 해외에서 인기가 있어?" 이런 반응이었고, 신문사 국장님은 '국내 인지도가 너무 없다'며 넓은 지면을 내주는 걸 부담스러워 하셨어.

5년 뒤, 지금 방탄소년단은? '우리의 고지점령은 시간 문제! 첫 블럭을 자빠뜨린 도미노'를 외치던 방탄은 자신들이 상상하지 못한 더 높은 고지를 점령한 것 같아. 다시 한 번 방탄소년단 인터뷰를 해줄 수 없느냐는 요청이 줄을 잇는단다.

2018년 9월 24일. 미국 뉴욕 유엔본부에서 열린 유니세프 청년 어젠다 '제너레이션 언리미티드' 행사에는 글로벌 청년세대 대표로 연설대에 섰어. 한국 국민들은 감동으로 눈시울이 뜨거워졌고, 해외 사람들은 아이돌 그룹 청년들의 진지한 발언에 찬사를 보냈어.

존경하는 유엔 사무총장님, 유니세프UNICEF 총재님, 세계 각국의 정상 분들과 귀빈 여러분, 감사합니다.

저는 그룹 방탄소년단의 리더 RM으로도 알려진, 김남준입니다. 오늘 젊은 세대들을 위한 의미 있는 자리에 초대받게 되어 대단히 영광입니다.

작년 11월 방탄소년단은 "진정한 사랑은 나 자신을 사랑하는 것에서 시작한다"는 믿음을 바탕으로 LOVE MYSELF 캠페인을 유니세프와 함께 시작했습니다. 전 세계 어린이와 청소년들을 폭력으로부터 보호하는 #ENDviolence 프로그램도 유니세프와 함께해오고 있습니다.

우리 팬들은 행동과 열정으로 캠페인에 함께하고 있습니다. 진심으로 세상에서 가장 멋진 팬들이십니다!

저는 오늘 저에 대한 이야기로 시작하려 합니다.

저는 대한민국 서울 근교에 위치한 일산이라는 도시에서 태어났습니다. 그곳은 호수와 산이 있고, 해마다 꽃 축제가 열리는 아름다운 곳입니다. 그곳에서 행복한 어린 시절을 보냈고, 저는 그저 평범한 소년이었습니다. 두근거리는 가슴을 안고 밤하늘을 올려다보고, 소년의 꿈을 꾸기도 했습니다. 세상을 구할 수 있는 영웅이 되는 상상을 하곤 했습니다.

저희 초기 앨범 인트로 중 '아홉, 열 살쯤 내 심장은 멈췄다'는 가사가 있습니다. 돌이켜보면 그때쯤이 처음으로 다른 사람의 시선을 의식하고, 다른 사람의 시선으로 나를 보게 된 때가 아닌가 싶습니다. 그때 이후 저는 점차 밤하늘과 별들을 올려다보지도 않게 됐고, 쓸데없는 상상을 하지도 않게 되었습니다. 그보다는 누군가가 만들어 놓은 틀에 저를 끼워 맞추는 데 급급했습니다. 얼마 지나지 않아 내 목소리를 잃어버리고, 다른 사람의 목소리를 듣기 시작했습니다. 아무도 내 이름을 불러주지 않았고, 저 스스로도 그랬습니다. 심장은 멈췄고 시선은 닫혔습니다. 그렇게 저는, 우리는 이름을 잃어버렸고 유령이 되었습니다.

하지만 제게는 하나의 안식처가 있었습니다. 바로 음악이었습니다. 제 안에 작은 목소리가 들렸습니다. '깨어나, 남준. 너 자신한테 귀를 기울여!' 그러나 음악이 제 진짜 이름을 부르는 것을 듣는 데까지는 오랜 시간이 걸렸습니다. 막상 방탄소년단에 합류하기로 결심한 이후에도 많은 난관이 있었습니다. 못 믿는 분들도 계시겠지만, 대다수의 사람들은 우리가 희망이 없다고 생각했습니다. 때때로 그저 포기하고 싶었습니다.

하지만 제가 모든 것을 포기하지 않은 것은 정말 행운이라고 생각합니다.

저는, 그리고 우리는, 앞으로도 이렇게 넘어지고 휘청거릴 겁니다. 방탄소년단은 지금 대규모 스타디움에서 공연을 하고 수백만 장의 앨범을 파는 아티스트가 되었지만 여전히 저는 스물네 살의 평범한 청년입니다. 제가 성취한 것이 있다면 이는 바로 곁에 멤버들이 있어주었고, 그리고 전 세계 ARMY 분들이 저희를 위해 사랑과 성원을 보내주었기에 가능했던 것입니다.

어제 실수했더라도 어제의 나도 나이고, 오늘의 부족하고 실수하는 나도 나입니다. 내일의 좀 더 현명해질 수 있는 나도 나일 것입니다. 이런 내 실수와 잘못들 모두 나이며, 내 삶의 별자리의 가장 밝은 별무리입니다. 저는 오늘의 나이든, 어제의 나이든, 앞으로 되고 싶은 나이든, 제 자신을 사랑하게 되었습니다.

마지막으로 한 가지만 더 말씀드리고 싶습니다. LOVE YOURSELF 앨범을 발매하고, LOVE MYSELF 캠페인을 시작한 후 우리는 전 세계 팬들로부터 믿지 못할 이야기들을 들었습니다. 우리의 메시지가 그들이 삶의 어려움을 극복하고 그들 자신을 사랑하게 되는 데 어떤 도움이 되었는지를요. 그런 이야기들은 우리의 책임감을 계속해서 상기시킵니다.

그러니 우리 모두 한발 더 나아가봅시다. 우리는 우리 자신을 사랑하는 법을 배웠습니다. 그리고 이제 저는 여러분들께 "여러분 자신에 대해 말해보세요"라고 말씀드리고 싶습니다.

저는 여러분 모두에게 묻고 싶습니다. 여러분의 이름은 무엇입니까? 무엇이 여러분을 심장을 뛰게 만듭니까? 여러분의 이야기를 들려주세요. 여러분의 목소리를 듣고 싶습니다. 그리고 여러분의 신념을 듣고 싶습니다. 여러분이 누구이든, 어느 나라 출신이든, 피부색이 어떻든, 성 정체성이 어떻든, 여러분 자신에 대해 이야기해주세요.

여러분 자신에 대해 말하면서 여러분의 이름과 목소리를 찾으세요.

저는 김남준이며, 방탄소년단의 RM이기도 합니다. 아이돌이자 한국의 작은 마을 출신의 아티스트입니다. 다른 많은 사람들처럼 많은 흠이 있고, 그보다 더 많은 두려움이 있습니다. 그래도 이제는 저 자신을 온 힘을 다해 끌어안고 천천히, 그저 조금씩 사랑하려 합니다.

RM이 연설문을 읽는 7분 동안, 나는 2014년에 만난 그들을 화면으로 보며 감격의 눈물을 흘렸단다. 그때나 지금이나, 너무나 성숙하고 진지하게 '나와 너'에게 근본적인 질문을 던지는 메시지는 똑같았어.

"당신의 이름은 무엇입니까? 여러분 자신에 대해 이야기해주세요."

이 연설을 TV를 통해 들으면서 나는 5년 전 베를린, 비오는 저녁, 무대 뒤의 작은 대기실에서 만난 청년들을 떠올렸어. 정말 고마웠던 게 뭔지 아니? 여전히 겸손한 모습을 간직하고 있는 거였어.

"우리는 우리 자신을 사랑하는 법을 배웠습니다."

맞아. 이 청년들은 진정으로 자신을 사랑하는 법을 배운 거였어. 7분의 연설을 들으며 내가 깨달은 것 두 가지가 있어.

첫째, 자신을 진정 사랑하는 사람들은 겸손하다.
둘째, 자신을 진정 사랑하는 사람들은 꿈을 소중히 여기고 놀라운 열정을 다해 매진한다.

유엔 연설 이후 방탄소년단은 미국 NBC 〈엘렌 드 제너러스쇼〉 〈더 투나잇 쇼 스타링 지미 팰런〉, ABC 〈굿모닝 아메리카〉 영국 BBC 〈더 그레이엄 노튼쇼〉에 출연했어. '2018 대한민국 대중문화 예술상 시상식'에서 한류 발전과 한글 확산 등의 기여를 인정받아 최연소로 문화 훈장을 수상하는 영예를 안았고.

2018년 미국 빌보드가 발표한 연말 결산 차트에 따르면 방탄 소년단은 '톱 아티스트' 차트 8위에 이름을 올리며 한국 가수 최고 순위 기록을 세웠고 한국 가수 최초로 미국 블룸버그 통신이 뽑은 '블룸버그 50'에도 선정되었어.

2018년 10월 6일. 방탄소년단은 많은 뮤지션에게 '꿈의 무대' 라 불리는 미국 뉴욕 시티 필드에서 4만여 명의 팬들과 만나며 미 국 스타디움에서 공연을 펼친 최초의 한국 그룹이라는 기록을 세 웠어. 2018년 10월 10일에는 미국 로스앤젤레스에서 열린 '46회 아메리칸 뮤직 어워드'에서 데미 로바토, 숀 멘데스, 아리아나 그 란데 등을 제치고, 페이보릿 소셜 아티스트 부문 수상에 성공했어.

2019년 현재. 이들의 기록 경신은 연일 계속되고 있어. 방탄소 년단은 〈러브 유어셀프 전 티어〉로 빌보드 메인 앨범 차트 '빌보 드 200'에서 한국 가수 최초로 1위를 차지했고, 이후에 15주 연 속 '빌보드 200' 차트인에도 성공했어. 타이틀곡 〈페이크 러브FAKE LOVE〉는 빌보드 메인 싱글 차트 '핫 100' 10위에 진입, K-팝을 세 계 최고의 자리에 올려놓았어.

최근 BTS는 여섯 번째 미니앨범 〈맵 오브 더 솔: 페르소나MAP OF THE SOUL: PERSONA〉를 내놓았지. 이 앨범으로 미국 '빌보드 200' 1위를 차지했어. 나는 설레는 마음으로 발매 기념 'V라이브'를 봤어. 미국 뉴욕에서 진행한 V라이브 'BTS 꿀FM 06.13: 컴백 스페셜'은 슈가가 라디오 DJ를 맡아 게스트로 나온 BTS와 대화를 나누는 형식으로 꾸며졌어.

슈가 "간만에 즐겁게 작업했어요. 조금 압박감이 있었는데 내려놓고 작업해 결과물도 좋은 것 같아요."
지민 "아미가 기다려주고 기대해줘 빨리 나오고 싶었어요. 새로운 음악으로 여러분을 만나 설레고 기뻐요."
뷔 "아름다운 추억을 만들러 왔어요."
진 "컴백 때마다 좋은 노래를 들고 나와 기뻐요."
RM "이번 앨범 준비한다고 다들 고생 많이 했어…… 수고했다!"

그들은 변함없이, 꿈꾸고, 즐기고, 만족하고, 팬들과 소통하며 작업을 하고 있었어. 특히 슈가는 처음 데뷔했을 때보다 여유롭고 자연스럽게 이끌어가는 말솜씨가 정말 늘어서 더 반가웠어.
이전 〈러브 유어셀프〉 시리즈가 '나 자신을 사랑하는 것이 진정한 사랑의 시작'이란 메시지를 담았다면, 이번 연작 첫 앨범은 '너에 대해 알고 싶다'는 내용을 담았어. "우리 나이에 맞게 자연스럽게 진화해 가겠죠. 대중들과 소통하면서요." 첫 만남 때 슈가가 한 말이 떠올랐어. 지금까지 '나의 이야기'로 소통하며 성장해 온 BTS 는 이제 '너의 이야기'에 귀 기울이는 노래로 더 깊은 소통을 시도 하고 있었어.

〈작은 것들을 위한 시Boy With Luv〉는 '너에 대한 관심과 사랑, 작 고 소박한 사랑의 즐거움'을 노래하고 싶었다고 해. 슈가는 BTS가 새로운 앨범을 내놓을 때마다 성장하고 있다며 서로를 격려했지. 〈작은 것들을 위한 시〉 뮤직비디오는 한국 가수 역대 최단 시간인 공개 2시간 52분 만에 유튜브 천만 뷰를 돌파했어. 게다가 미국 빌보드 메인 싱글 차트인 '핫 100' 8위에 올랐어(2019. 4. 23. 기준). 그들이 말하는 이번 앨범의 성공 비결은 무엇일까?

'압박감을 내려놓으니 오히려 결과물이 좋았습니다.'

6년간 지켜본, 방탄소년단의 성공비결?

▶ 변함없다

이건, 그들을 가장 가까이서 지켜본 사람들의 이구동성이야.

"변함없이, 음악에 미쳐 있다. 변함없이, 열심히 한다. 변함없이, 음악밖에 모른다. 변함없이 협력하며 잘 지낸다."

▶ 함께, 그리고 각자, 모두 빛난다

전 세계 팬들은 방탄소년단 한 명 한 명의 솔로 앨범을 기대하고 있어. 전 멤버가 노래와 춤, 모든 면에서 인정받는 그룹은 드물지.

지민의 솔로 자작곡 〈약속〉은 발표 10일 만에 '2,100만' 스트리밍을 돌파하며 계속 인기를 끌고 있어. 또 무료 음원 공유 서비스 '사운드클라우드'에서 최고 인기곡으로 주목받았고, 방탄소년단 곡 중에서 최고 기록을 세웠어. 2019년 새해, 음악계의 뜨거운 이슈로 공통된 뉴스는 "방탄소년단 지민의 〈약속〉이 '사운드클라우드'의 역대 기록을 깼다는 거야. 미국에서 가장 인기 있는 힙합 가수 드레이크Drake를 대체했다"는 보도였지. 뉴욕타임즈는 '꼭 들어봐야 할 신곡 10'에 〈약속〉을 소개했단다.

유럽, 미주, 아시아, 중동…… 전 세계 방송과 SNS에서 지민의 음악이 공유되고 있어. 언어, 인종, 국경을 초월하여 공감과 사랑을 받으며 진격의 방탄은 계속 질주 중!

▶ 새로운 시도를 계속한다

'MAMA'에서 방탄소년단은 퓨전 한복을 입고, 국악 버전의 '아이돌' 무대가 얼마나 폭발적인 개성을 창조할 수 있는지 보여주었지. '전통과 K-팝의 만남'은 환상적이지 않았니? 국악을 현대적으로 재해석한 삼고무, 부채춤, 탈춤, 사자춤, 사물놀이 릴레

이까지. 방탄소년단의 퍼포먼스는 전통이 K-팝으로 재탄생하는 새로운 시도를 보여주었어.

▶ 잘생겼다

방탄의 '진'이 학교 가는 길에 캐스팅되었다는 건 모두들 알고 있지?

'진'이 드디어 '얼굴'로 또 한 번 화제가 됐어. '세계에서 가장 조각 같은 얼굴'로 선정됐단다. 체코 인형회사인 시지돌릭은 세계 58개국 1만 8천 명의 남성 중 10명을 골라 실시한 온라인 투표에서, 투표에 참여한 150만여 명 중 100만 명 이상의 표를 얻어 1위에 올랐어. 체코 인형회사는 "진은 어느 각도에서 보더라도 균형 잡힌 계란형 얼굴을 지니고 있으며, 그의 입은 아름다운 곡선을 보여준다"고 기사에 썼더라. 결승을 다투었던 인물들 중에 우리 방탄이 여러 명 있었다고 해. 하여간 외모까지 다 갖추었다니까.

▶ 꿈을 묻고, 의미를 묻는 아이돌 철학자들

나는 방탄 노래를 정말 좋아해. 나에게도 방탄의 가사는 깨달음을 주고 내 인생에 물음표를 던져. 가끔은 정신이 번쩍 나. 노래 잘하고, 춤 잘 추고, 잘생긴 아이돌은 많아. 하지만 방탄의 노래엔 하나가 더 있어. 꿈을 묻고 의미를 묻는 철학적인 질문들. 나는 그들이 아이돌 철학자라고 생각해.

마라톤, 마라톤. 삶은 길어 천천히 해. 그 끝엔 꿈의 낙원이 가득해. 하지만 진짜 세상은 약속과는 달라. 우린 달려야 해. 밟아야 해. 신호탄을 쏘면, 너 목적지도 없어, 아무 풍경도 없어, 숨이 턱까지 넘칠 때, You need to you need to. 멈춰서도 괜찮아. 아무 이유도 모르는 채 달릴 필요 없어. 꿈이 없어도 괜찮아. 잠시 행복을 느낄 네 순간들이 있다면 멈춰서도 괜찮아. 이젠 목적도 모르는 채 달리지 않아…… 우린 꿈을 남한테서 꿔 (빚처럼) 위대해져야 한다 배워 (빚처럼) 너의 dream 사실은 짐

목적도 모른 채 달리지 말고, 잠시 멈춰 서서 남이 나에게 주입한 꿈, 사실은 '짐'인 가짜 꿈을 버리라고 말하지.

그냥 너는 너잖어. 꿈을 꾸는 게 때론 무섭네. 그냥 이렇게 살아가는 게. 살아남는 게 이게 나에겐 작은 꿈인데. 꿈을 꾸는 게, 꿈을 쥐는 게, 숨을 쉬는 게 때론 버겁네. 누군 이렇게 누군 저렇게 산다면서, 세상은 내게 욕을 퍼붓네. 세상은 욕할 자격이 없네. 꿈을 꾸는 법이 무엇인지, 가르쳐 준 적도 없기에. 꾸며낸 꿈이기에 눈물의 잠꼬대. 악몽에서 깨워내. 널 위해. 멈춰서도 괜찮아. 이젠 목적도 모르는 채 달리지 않아. 꿈이 없어도 괜찮아. 어리석은 경주를 끝내. 다 꾸는 꿈 따윈 없어도 돼!

나의 작은 꿈들을 무시하는 세상. 다 꾸는 꿈 따윈 버리고, 진정한 나를 찾는 게 〈낙원〉이지. 노래 제목처럼 말이야.

게다가 〈Tomorrow〉의 가사들은 너무 지쳐서 다 포기하고, 일어설 힘이 없을 때 얼마나 큰 위로를 주는지 몰라.

해가 뜨기 전 새벽이 가장 어두우니까…… 지금 니가 어디 서 있든 잠시 쉬어가는 것일 뿐. 포기하지 마, 알잖아. 계속 걸어. 멈추기엔 우린 아직 너무 어려. 문을 열어 닫기엔 많은 것들이 눈에 보여. 어두운 밤이 지나면 밝은 아침도 있듯이…… 내일이 오면 밝은 빛이 비추니, 걱정은 하지 말아줘. 이건 정지가 아닌, 니 삶을 쉬어가는 잠시 동안의 일시 정지. 엄지를 올리며 니 자신을 재생해. 모두 보란 듯이! 니 꿈을 따라가 like breaker. 부서진대도 oh better. 너무 멀어지진 마 tomorrow!

너는 실패한 게 아니라, 잠시 쉬어가고 있는 거라고. 지금은 희망이 없는 어둠 속이 아니라 해 뜨기 직전, 새벽이라고! 해 뜨기 전 새벽이 가장 어두운 거라고, 곧 밝은 내일이 다가온다고…….

타인을 대하는 태도의 힘

방송을 하면서 다른 아이돌들도 여럿 만났지만, 내가 BTS를 아끼게 된 가장 큰 이유는 '타인을 대하는 태도' 때문일 거야. 베를린에서 첫 만남 때, 독일산 초콜릿을 사서 하나씩 나누어 주었어. 고급 초콜릿이 아닌 2유로 정도의 평범한 초콜릿이었지. 그런데 어찌나 고마워하던지……. "정말 맛있겠다" "지금 맛봐도 돼요?" "우리 주시려고 사 오신 거예요?" 어린이 같이 해맑은 얼굴로 고마워하던 그 청년들의 모습을 잊을 수 없어.

인터뷰를 하면서 유명인들을 만나보면 실제로는 거만하고 상대에 대한 배려가 없는 사람들도 간혹 있어. 그런 경우엔 실망과 더불어서 약간의 상처도 받게 되지. 본인들의 명성을 만들어준 팬들에게 고마움을 모르는 사람들도 있더라고. 그런데 BTS는 상대를 대하는 태도가 다른 청년들이었어. 반갑게 맞이하고, 예의를 지키고, 겸손함을 유지하는 것! 오래도록 좋은 기억으로 나를 각인시키는 필수 항목이라는 걸 기억해! 그 혜택은 결국 나에게 반드시 돌아온다는 것도!

방탄소년단의 스타일은 No More Dream!
첫 블럭을 자빠뜨린 도미노의 끝없는 질주

나는 2014년 인터뷰를 끝낸 뒤, 대중문화 전문가들에게 이렇게 성공할 거라고 장담해왔어. 그래서 그들의 성공이 놀랍지 않고, 가슴 벅차게 눈물겹단다.

2019년 유엔에서 그들이 전 세계 청년들에게 던졌던 질문.

"당신의 이름은 무엇입니까? 여러분 자신에 대해 이야기해주세요"에 대한 답은 5년 전에 베를린 콘서트가 열렸던 무대 뒤, 작은 대기실에서 나는 이미 들었단다.

"힙합은 우리에게 공기이자 옷이며, 우리를 표현할 수 있는 모든 것입니다. 저희는 힙합과 함께 숨 쉬면서 무엇이든 될 수 있고 할 수 있습니다. 자신이 정말 좋아하는 일이라면 공기이자, 옷이자, 나의 모든 것이라고 생각하는 경지에 이르러야 해요. '나를 표현할 수 있는 모든 것'인 그 일과 함께 24시간, 내가 잠자고 있을 때에도 함께 숨 쉴 수 있어야 한다고 생각해요."

방탄소년단의 경쟁자는 그들 자신이야. 끊임없이 자신들을 넘어서기 위해, 그들은 오늘도 밤새워 음악을 만들고 노래하고 춤추고 있을 거야. 10년 뒤, 20년 뒤에도 그들의 도전은 끝나지 않을 것이라고 나는 믿어.

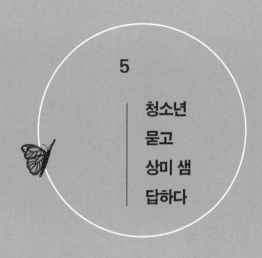

5

청소년
묻고
상미 샘
답하다

"간절히 두드리면 문이 열린다"

상 미 샘 , 자 신 에 대 해
이 야 기 해 주 세 요

Q 선생님 가방 안에는 뭐가 있어요?

제 가방은 두 개예요. 하나는 신발주머니예요. 강의할 때는 구
두를 신지만, 강의가 끝나면 운동화로 갈아 신고 틈만 나면 걸
어요. 또 하나의 가방은 참 복잡해요. 종합비타민, 홍삼 같은 건
강보조제를 꼭 챙겨 다녀요. 아프면 하고 싶은 일을 많이 못하
게 되니까요. 그리고 노트와 작은 사진기를 꼭 가지고 다니죠.
저는 사람에 대해 관심이 많아요. 그래서 인터뷰도 많이 했던
것이고요. 그날의 기록은 글과 사진으로 꼭 남겨두려 애씁니다.
그것들이 모여서 제 책이 되고요.

Q 교수, 작가, 방송인, 다큐멘터리 감독, 문화평론가, 동화작가…… 하시는 일이 정말 많아요. 다채로운 활동이지만 공통분모가 있을 것 같아요.

장르는 다르지만 모두 마음을 치유할 수 있는 얘기예요. 타인과 소통하는 스토리텔링의 수단으로 영화, 칼럼, 평론, 방송, 동화를 선택해서 쓰는 거예요. 소재에 따라 가장 효과적인 방식을 선택할 뿐, 결국 같은 얘기를 하는 거지요. 글과 영상을 통해서 사회에 말을 걸고 있는 사람이라고 할까요?

Q 선생님은 학창 시절 어떤 학생이었나요?

상처를 잘 받는 아이였어요. 그래서 대인관계가 두려웠고 혼자 있을 때 혼자 우는 아이였는데 그 울음도 엄마한테 혼날까 봐 소리 내어 울지 못했어요.

그래서 늘 울음을 참았던 아이였어요. 그리고 저의 감정과 아픔을 누군가에게 말하는 것 자체가 너무 힘들었어요. 저 스스로 저를 포기하고 싶었는데 어느 날 눈물이 나면서 "네가 솔직하게 너의 이야기를 해본 적이 없잖아"라는 소리가 제 안에서 들려왔어요.

저는 어떤 좋은 상담 선생님을 만나도 너무 아픈 제 이야기는 나오지가 않더라고요. 정말 아픈 사람은 자기의 아픔이 음성으로 나오지 않는다는 생각이 들었어요.

Q 어린 시절의 아픔이 성인이 되어서도 큰 영향을 끼치나요?

유년 시절 상처가 우리 인생에서 많은 영향을 끼쳐요. 잘 살다 가도 어느 날 툭 튀어나와서 오늘 내 삶을 망치는 경우가 많은데, 어린 시절에 부모가 싸우는 모습만 보고 자란 사람들은 사랑에 대한 두려움을 가지고 있어요.

싸우는 모습만 보고 화해하는 모습을 보지 못하고 자랐다면, 쉽게 화해할 수 있는 별거 아닌 문제에도 화해하지 못하고 쉽게 이별을 하는 경우가 많아요. "왜 나는 늘 나쁜 남자만 만나는 걸까. 나에게 무조건 잘해주는 남자를 못 만나는 걸까. 사랑은 변하고, 결국 싸우다 헤어지는 거구나. 어차피 헤어질 거라면 하루빨리 헤어지는 게 낫지 않을까." 이런 생각을 하면서 어릴 때 상처가 현재의 관계를 망치게 되는 거예요.

Q 선생님은 중학교 땐 하위권이었는데, 지금은 박사학위에 석사학위도 두 개나 돼요. 무엇에 그렇게 갈증이 났던 거예요?

대학 때 아버지가 암으로 병석에 누운 후 집안이 갑자기 기울었어요. 정말 힘들게 졸업할 수 있었어요. 대학 졸업 후 지금까지 쉬지 않고 일하고 알뜰하게 저축했어요. 그때부터 졸업은 내가 열심히 뛰면 반드시 닿을 수 있는 결승선이 되었어요. '학위 중독자'라고 주변인들이 비꼬건 말건, 저는 학교에 다녔어요. 삶이 풍족해질수록 공부에 목이 말랐어요. 학부와 첫 번째 석사는 문학을 전공했으니, 두 번째 석사는 심리학 공부를 했죠. 박사는 대중들의 심리를 문화심리학으로 분석하는 공부를 했어요. 이렇게 공부한 걸 토대로 '공감, 소통, 치유의 스토리텔링'을 만들어내고 아픈 마음을 치유하는 스토리텔러로 살고 싶었어요.

Q 교도소나 소년원에 계신 분들을 만나면 반응이 어떤가요?

찾아가는 마음 치유 수업은 영화를 보고 함께 이야기 나누는 수업이에요. 공감할 만한 캐릭터를 보면서 자연스럽게 자기 이야기를 꺼낼 수 있도록 해요. 아무것도 가르치지 않아요. 열심히 듣고 "그랬군요, 그랬구나, 나라도 그런 마음이 들었겠다"는 말을 많이 해요. 그러면 눈빛이 달라져요. 나도 그랬다는 한마디가 상대에게 정말 큰 위로가 되잖아요. 또 어떤 날은 제 고민을 말하고, 저를 위로해 달라고도 이야기해요. 늘 죄인이라고 비난받았던 사람들인데 제가 괴로웠던 이야기를 하면서 위로해 달라고 하면 놀라요. 자기도 누군가 위로할 수 있는 사람이라는 걸 깨닫는 거예요. 저도 위로를 받고 그분들도 치유가 되는 거예요.

Q 무료로 이런 일을 계속하시는 이유가 있나요?

제 인생이 쓸모없다고 생각했던 시간이 길었어요. 경제적으로도 힘들었고, 아버지가 돌아가신 후에는 너무 괴로워서 매일 죽음을 생각했어요. 그러다 자살 기도를 했는데, 운 좋게 깨어났어요. 그때 나처럼 아픈 사람을 위해서 살아야 겠다는 생각을 했어요. 신이 나를 이렇게 쓰기 위해 수련의 과정을 거치게 한 것 같아요. 지나간 시간이 쓸모없었던 게 아니라, 다 강연 소재가 되고 마음 아픈 이들을 위로할 수 있는 가장 좋은 약이 되기도 하더라고요. 쓸모없는

것 같았던 제 인생이 보배롭게 느껴졌어요. 누군가에게 바라고 뭔가를 베풀면 실망하고 상처받는 일만 생겨요. 아무것도 바라지 않고 베풀었을 때 오는 만족감과 기쁨은 해본 사람만 알 수 있어요. 그리고 그분들은 제가 원하지 않아도 많은 걸 주세요. 힘든 일이 있을 때는 제 기도를 좀 해 달라고 부탁해요. 그러면 교도소에 있는 400여 명의 재소자가 저를 위해 기도해줘요. 제가 무슨 행사를 하면 가장 먼저 미혼모협회 가족들이 와줘요. 좋은 일이건 나쁜 일이건 제 일이라면 나서서 도와주세요. 제가 훨씬 받는 게 많아요.

Q 교도소와 소년원에 있는 사람들은 잘 변하지 않을 것 같아요

재소자들이 죄를 짓는 행동을 하거나 극단적인 선택을 했을 때에는 다 이유가 있습니다. 결과만 놓고 얘기해선 안 됩니다. 왜 그럴 수밖에 없었는지, 이야기를 들어주어야 합니다. "그랬군요…… 그랬구나……." 잘 들어주다 보면 자신의 잘못은 스스로가 다 알더라고요. 훈계하고 말로 가르치려 하는 것보다 '그랬구나' 말 한마디와 고개를 끄덕여주는 행동이 공감의 가장 좋은 표현이고 추상적인 감정이 아닌 '실감'으로 상대에게 전달되는 것 같습니다. 치유의 핵심은 공감이라 생각합니다.

Q 재소자들을 대상으로 한 강의, 여자로서 겁나지 않아요?

저는 법에 걸리지 않는 죄를 많이 짓고 살았고, 그들은 법에 걸리는 죄를 지었고, 따져 보면 다 죄인이잖아요. 제가 한 시사주간지에 '박상미의 공감 스토리텔링'을 2년 넘게 연재하면서 자신이 꿈꾸는 분야에서 목표를 이룬 사람들을 만났거든요. 40명이 넘는 사람과 깊은 대담을 나누다 보니 딱 답이 나오더라고요. 그분들의 공통점이 뭔 줄 아세요?

그들 곁에는 어떤 상황에서도 지지해주고 공감해주는 한 명의 사람이 반드시 있음을 알게 됐어요. 어떤 경우에도 받아주고 믿어주는 존재가 딱 한 명만 있으면, 역경이 닥쳤을 때 놀라운 회복력이 발휘되고 더 큰 성장을 해냅니다. 증명하는 연구 결과도 있어요. 카우아이섬에서 태어난 신생아 200명의 성장과정을 40년 동안 지켜보면서 심리학자 워너가 내린 결론도 동일해요. 극빈한 삶을 산다는 배경은 동일한데 그중에서 성공하는 아이들이 나오더라는 거예요. 그들을 살펴보니 공통점이 딱 하나 있었어요. 믿어주고 응원해주는 어른이 한 명이라도 옆에 있었다는 거예요. 교도소에서 만난 사람들과 얘기를 나눠보면 대부분 그런 존재가 단 한 명도 없습니다. 무조건 믿어주고 공감해주는 한 사람만 있으면 역경이 닥쳐도 자신이 원하는 일을 반드시 해내고 반듯하게 살아내거든요. 그런데 그런 신뢰와 지지를 받아보지 못한 사람은 타인의 아픔을 공감하지 못합니다. 세상에 분노를 갖게 되고 그 분노를 조절하지 못해요. 자신의 감정 조율도 안 되죠. 사랑을 받아보지 못한 사람은 자신을 사랑할 줄도 타인을 사랑할 줄도 모릅니다.

Q 선생님은 스스로 어떤 마음을 가진 사람이라고 생각하시나요?
저는 사람들 앞에서 자주 강연을 하죠. 말하는 걸 좋아하고 사람들에게 주목받기를 좋아할 거라고 생각하는 사람들이 많은데, 실은 그렇지 않아요. 저는 정말 작고 잘 찢어지는 마음 그릇을 가진 사람이에요. 너무나 상처를 잘 받고, 자존감이 부족하죠. 그래서인지 저는 어릴 때부터 우울증을 앓았던 것 같아요. 하지만 이건 제가 받은 달란트라고 생각해요. 아파 본 사람만이 아픈 사람의 마음을 공감할 수 있으니까요. 다가가서 안아줄 수 있으니까요.

Q 마음이 아픈 사람들은 선생님께 위로와 희망을 얻는데 선생님은 힘든 일이 있을 때 어떻게 극복을 하시나요?

우리는 이미 자기 스스로의 상처와 아픔을 치유할 수 있는 '마음의 힘'을 가지고 있어요. 그 능력을 찾아내고 발현하는 노력이 필요해요. 나를 알아야 나를 키울 수 있어요. 나 자신과 대화를 시작해 보세요. 빈 종이를 앞에 놓고 나 자신에게 물어보는 거예요.

'상미야, 무엇 때문에 그렇게 아파?'
'나에게 어떤 아픔이 있지?'
'타인에게 이해받고 싶은 게 뭐야?'

내 마음이 어떤지 먼저 살펴보는 게 중요해요. 저도 제가 묻고 답하는 마음 일기를 오래 써왔어요.
'상미야, 넌 뭐가 힘들어?'라고 제가 묻고 제가 답하는 걸 노트에 쓰기 시작했더니 너무 놀랍게도 '나 너무 아프고 잊혀지지 않는 일이 있어'라고 제가 대답을 하는 거예요.
제가 묻고 대답하면서 한 번도 말하지 못했던 저의 상처들이 글로 나오는 거예요. 그러면서 나를 치유할 수 있는 능력은 이미 내가 가지고 있다는 걸 알게 됐어요. 어떤 상담사들에게도 받지 못한 큰 위로였어요.

Q 우리는 남에게 좋은 사람이기 위해 나에게 나쁜 사람이 되는 경우가 많은데 이유가 무엇이라고 생각하시나요?

우리는 남의 시선을 의식하고 남의 평가에 마음 졸이고 내가 아닌 남에게 시선을 두고 살 때가 많죠. 나 스스로를 돌보는 일에 미숙한 거 같아요. 우리는 내 감정을 돌보지 않고 너무 많이 참고 억누르고 남들을 위해서 내 감정을 희생하며 살 때가 많아요. 남에게는 항상 친절하고 좋은 사람일지는 몰라도 나에게는 너무 나쁜 사람이 되어 있는 거예요. 세상에서 가장 귀한 존재는 나 자신이에요. 나 자신에게 귀를 기울이세요. 나를 사랑하는 만큼 나를 믿을 수 있어요. 그게 나를 키우는 가장 큰 에너지예요.

Q 우울이 왔을 때 극복할 수 있는 법이 있다면 무엇이라고 생각하시나요?

우울증을 내버려두면 "어제가 힘들었고 오늘이 힘들지만 내일은 나아질 수 있어"라는 생각 자체를 우리의 뇌가 못하게 돼요. 망원경으로 내일을 바라봐야 되는데 시야가 좁아져서 마치 빨대를 통해서 세상을 보는 것과 같아요. 어떤 긍정적인 생각도 할 수 없게 되는 거죠. 내가 깊은 우울에 빠졌을 때는 빨리 거기서 나오기 위해 안간힘을 다해야 돼요. 무조건 쉬어야 되는 거예요. 나에게 자살 충동이 생겼다는 건 엄청난 사고가 일어날 수 있는 인생의 위기가 온 거니까요. 그리고 좋은 어른, 좋은 멘토를 만나서 도움을 요청하고 그 손을 잡아야만 자살 충동의 늪에서 빠져나올 수 있어요. 혼자 있는 건 굉장히 위험해요.

Q 제 친구는 학교 생활에 적응을 못해서 자퇴를 하고 '학교 밖 청소년'으로 살아가고 있어요. 저는 친구가 '문제아'라고 생각하지 않는데, 주변에서는 '문제아'로 보는 거 같아요. 선생님은 어떻게 생각하시나요?

학교 밖 청소년들은 두 종류가 있어요. 소년원·위기 청소년 회복센터에 있는 '보호처분을 받고 갇혀 있는' 아이들, 그리고 선택에 의해서 스스로 학교 밖 청소년이 된 아이들. 사람들은 학교 밖 청소년이라고 하면 무조건 '문제아'라고 해요.

갇혀 있는 아이들을 만나보면 더 문제 많은 부모를 만나서 집 밖을 떠돌다 인생에 사고가 생긴 아이들이 대부분이에요. 자발적으로 학교 밖 청소년이 된 경우는 제가 많이 만나보진 못했으나, 제가 17세 때 1년 동안 학교 밖 청소년으로 살았으니, 저는 이 아이들에게 꼭 해주고 싶은 말이 있어요!

"너희들은 '문제아'가 아니라, '세상의 문제'를 좀 더 예민하게 받아들이는 아이들이란다. 내가 학교 밖 청소년이었던 열일곱 살

때를 돌아보면, 내 인생에서 가장 소중한 시기였단다. 사람들은 '학교 안 다니는 애' '문제아' 이런 시선으로 보았지만, 나는 그 1년 동안 한국문학·세계문학 전집을 다 읽고, 매일 영화 한 편을 보았어. 왜냐고? 시간은 너무 많고, 할 일은 없고, 어떻게 살아야 할지 모르겠고……. 그래서 '내가 하고 싶은 일'을 하면서 불안을 떨치고 싶었어. 그런데 그 속에서 꿈을 찾았어. 내가 작가가 되고 싶더라고! 지금 내가 작가가 되고, 다큐영화를 찍고, 마음 치유 강의를 하는 건 모두 그 시기에 거름이 형성된 거야! 아이들아, 학교 밖에 있는 시기를 의미 있게 보내자. 꿈을 찾는 시기로 만들자. 남들과 똑같은 길을 걷는 것만이 답은 아니야! 다른 길을 걷더라도 '내 인생을 소중하게 생각하고 나를 키우는 시기'로 삼을 때 인생이 달라질 거야! 더 멀리 뛰기 위해 잠시 몸을 움츠린 이 시기를 '나를 키우는 충전의 시간'으로 잘 보내길 바라!"

Q 선생님이 생각하는 '공감'에 대해 말해주세요.

상대의 이야기를 잘 들어주는 것이 공감이라 생각합니다. 공감이란 나의 마음을 통해서 상대의 마음을 헤아리는 것입니다. 상대의 눈을 바라보고, 고개를 끄덕여주고, 손을 잡아주는 것. 말이 아닌 행동이 가장 진실된 공감이지요. 그런데 공감은 생각보다 어렵고, 위로는 더 어렵습니다. 이성 친구와 헤어지고 나서 밤낮으로 울며 힘들어 하는 친구에게 '아직도 못 잊었냐? 더 좋은 사람 또 사귀면 된다, 이제 그만 좀 잊어라' 이렇게 말하는 건 폭력이지 위로가 아니지요. 말로 위로하려 애쓰지 말고, 함부로 조언하지 말고, 설득하지 말아야 해요. 구체적인 감정을 토해내게 하고, 잘 들어주면 됩니다. 이미 답은 본인이 알고 있지만 마음 그릇에 슬픔과 분노 같은 부정적인 감정들이 꽉 차 있으면 더 이상 긍정적인 감정들은 담길 자리가 없거든요. 마음 그릇이 작을수록 더 아프기 때문에, 그들의 말을 잘 들어주기만 하면 됩니다. 충고나 평가를 멈출 때 공감과 소통의 대화가 시작됩니다. 충고하고 야단치고 싶은 마음이 강할 땐 차라리 말을 하지 말아야 합니다.

Q 주위에 힘들어 하는 친구들이 있는데, 우리 스스로가 상담자가 되어줄 수 있을까요? 어떻게 위로를 해주면 좋을지 걱정을 하고 있는 수많은 친구들, 부모님들, 선생님들에게 한 말씀 해주세요.

우울하다, 죽고 싶다는 이야기를 어렵게 꺼냈을 때는 부정적인 감정이 차고 넘쳐서 SOS를 보낸 거예요. 누군가 정말 힘들 때, 그 SOS를 나에게 보냈다는 건 참 고마운 일이죠. 그래서 우리는 그 순간을 잘 포착하고 무심하게 넘어가서는 안 돼요. 한 생명을, 한 인생을 살릴 수도 있는 엄청난 순간이거든요. 그때 필요한 건 훈계나 조언이 아니라 무조건 공감하는 거예요. 왜 그런 감정이 생겼는지 묻고 들어주기만 하면 돼요. 사실 답은 본인 마음속에 이미 있는 것이거든요. 그걸 스스로 말하는 과정에서 발견하도록 잘 들어주면 돼요.

'나'라도 그랬을 것 같다고 공감해주고 '너'니까 잘 견디면서 여기까지 올 수 있었다고 위로해주면 마음속에 울고 있는 아이를 달래줄 수 있어요. 이때 가장 위험한 건 지적하고 가르치는 거예요. 그러면 더 깊이 숨게 돼요. 눈 맞추며 잘 들어주고 따뜻한 체온으로 손을 꼭 잡아주거나 안아주세요. 그리고 말해주세요. '나에게 말해줘서 고마워. 내가 도와줄게. 살아 있어 줘서 고마워. 너니까 오늘까지 잘 살아온 거야. 우리 함께 극복해 내자.'

Q 선생님은 참 열심히 살면서 나이가 들수록 더 성장하는 사람 같아요. 꿈도 이루신 거 같고요. 비결이 뭔가요?

저는 뭐든지 늦게 되고, 오래 걸리지만 포기하지 않고 도전하는 '끈기'를 가진 것 같아요. 저는 뭘 해도 느리게 가는 사람이었어요. 저는 대학교 4학년 때 독일에 유학을 가고 싶었지만 서른여섯 살이 되어서야 독일에 공부하러 가게 되었어요. 서른일곱 살에 칼럼을 쓰게 되고, 서른일곱 살에 첫 영화를 찍었고, 동화 작가도 서른아홉 살에 됐어요. 마흔이 되어서야 첫 책을 냈죠. 박사 학위도 마흔한 살에 받았어요. 오래 노력해서 늦게 이루었죠. 그런데 느려도 반드시 내가 하고 싶은 것들을 이루어내리라는 생각으로 꾸준히 거북이처럼 준비했던 것 같아요.

제가 대학교 4학년 때 독일 유학을 가고 싶은데 아버지가 암 투병을 하다가 돌아가셔서 갈 수가 없었어요. 돈을 벌어야 했지요. 그런데, 서른여섯 살에 '독일 학술교류처'에서 장학생을 뽑는다는 공고를 봤어요. 너무나 기뻤어요. '이제야 기회가 왔구나!'

그런데 30세 이상이고, 독일어 능통한 사람이 아니면 뽑힌 사례가 거의 없다는 거예요. 사람들이 원서 넣어봤자 소용없으니 넣지 말라고 했어요. 뽑히면 너무나 혜택이 많았어요. 학비, 항공비, 생활비까지 지원이 되었어요. 그런데 저는 나이가 많고, 가장 문제는 독일어를 하나도 할 줄 몰랐어요. 그러면 지원 자격이 안 되는 거잖아요?

사람들은 보통, '저 문은 열리지 않을 것 같아'라는 생각이 들면, 그 문 앞에서 돌아섭니다. 문고리를 잡아보지도 않고요. 저는 열리든 안 열리든 상관없이 가서 문고리 잡고 열어보고, 노크도 해보고, '문 좀 열어주세요!' 소리도 쳐봅니다. 아무리 두드려도 안 열리면, '내 길이 아니구나. 그래도 노력하는 동안 행복했다' 생각하며 마지막에 돌아섭니다. 그래야 후회가 없으니까요.

이력서와 자기소개서를 각각 1장 독일로 보내라고 돼 있었어요. 저는 자기소개서를 10장 썼어요. 한국이라면 읽어주지도 않았을 거예요.

첫 시작은 이렇게 했어요.

"저는 36세 박상미입니다. 독일어는 모릅니다."

미쳤죠? 하지만 시선을 끌기에 아주 좋을 거라 생각했어요. 왜냐면 이런 '똘끼' 있는 사람의 글은 호기심에 읽어보게 되잖아요?

"나는 나이가 많고 독일어를 못하지만, 나를 뽑은 것을 독일이 후회하지 않을 거예요. 왜냐하면 당신들이 하고 싶은 연구에 제가 도움이 되는 10가지 이유를 나열해 보겠습니다. 첫째, 둘째, 셋째…… 그리고 저는 이렇게 살아왔기 때문에…… 무엇이든 하면 느리게 가도 천천히 가도 반드시 이루어 낼 수 있는 능력을 가졌답니다."

저는 합격했고, 한양대학교에서 박사과정 공부를 하는 동안 독일을 오가며 한·독 공동연구에 참여할 수 있었어요. 독일에서의 경험이 제 인생을 많이 바꾸어 놓았고요.
여러분, 세상에는 열리지 않을 것 같지만 간절한 마음으로 열심히 두드리면 열리는 문들이 꽤 있어요. 그 힘은 '나를 믿는 마음'에서 나옵니다. 여러분, 꼭 기억하세요. 나를 믿어야 꿈을 이룹니다.

박상미의 고민사전(청소년·학부모편)
-나를 믿어야 꿈을 이룬다
ⓒ 박상미, 2019

초판 1쇄 발행일 | 2019년 5월 13일
초판 8쇄 발행일 | 2023년 10월 15일

지은이 | 박상미
펴낸이 | 사태희
편 집 | 배우리
디자인 | 박소희
마케팅 | 장민영
제 작 | 이승욱, 이대성

펴낸곳 | (주)특별한서재
출판등록 | 제2018-000085호
주 소 | 08505 서울특별시 금천구 가산디지털2로 101 한라원앤원타워 B동 1503호
전 화 | 02-3273-7878
팩 스 | 0505-832-0042
e-mail | specialbooks@naver.com
ISBN | 979-11-88912-44-5 (44080)
      979-11-88912-13-1 (세트)

• 본문에서 인용한 방탄소년단의 〈팔도강산〉〈No More Dream〉〈진격의 방탄〉〈핸드폰 좀 꺼줄래〉〈낙
  〈Tomorrow〉, 장기하와 얼굴들의 〈그건 니 생각이고〉 'KOMCA 승인필' 했습니다.